Kristin Lückel (Hg.)

Zauberhafte Feengeschichten

Kristin Lückel (Hg.)

Zauberhafte Feengeschichten

Mit Illustrationen von Naeko Ishida

Kaufmann Verlag

Bibliografische Information der Deutschen Bibliothek

Die Deutsche Bibliothek verzeichnet diese Publikation in der Deutschen Nationalbibliografie;
detaillierte bibliografische Daten sind im Internet über http://dnb.ddb.de abrufbar.

1. Auflage 2014
©2014 Verlag Ernst Kaufmann, Lahr
Dieses Buch ist in der vorliegenden Form in Text und Bild urheberrechtlich geschützt.
Jede Verwertung ist ohne Zustimmung des Verlags Ernst Kaufmann unzulässig und strafbar.
Dies gilt insbesondere für Nachdrucke, Vervielfältigungen, Übersetzungen, Mikroverfilmungen
und die Einspeicherung und Verarbeitung in elektronischen Systemen.
Printed in Slovakia
ISBN 978-3-7806-2945-6

Inhalt

Isabel Abedi

Ein Wunsch für die kleine Fee

Im Leben einer jeden kleinen Fee kommt irgendwann der großen Tag, an dem sie zum ersten Mal alleine in die Welt hinausdarf, um den Menschen ihre Wünsche zu erfüllen.

Für die kleine Fee Felizitas war dieser Tag heute.

Als der Morgen graute, war sie sofort hellwach und sprang mt einem wilden Satz aus dem Bett. Sie fühlte sich, als wäre sie über Nacht mindestens drei Köpfe größer geworden. Und vor Aufregung kribbelte ihr ganzer Körper, vom kleinen Zeh bis zu den Flügelspitzen.

Felizitas' Mama war fast noch aufgeregter. Schließlich war es auch für sie das erste Mal, dass ihre Tochter ganz alleine in die Welt flog.

Um sicherzugehen, dass Felizitas genug gelernt hatte, ließ ihre Mutter sie die beliebtesten Wünsche der Menschen noch einmal Probe zaubern: viel Geld, ein Allheilmittel gegen schlimme Krankheiten, ein Baby, ein schickes Auto, einen Mann fürs Leben und einen Hund.

„Kann ich jetzt endlich los und echte Wünsche erfüllen?", fragte Felizitas zappelig, nachdem sich ihr Probezauber wieder in Luft aufgelöst hatte.

„Nur noch den doppelten Luftsalto", befahl Mama Fee.

Der doppelte Luftsalto war eine wichtige Sicherheitsübung für gefährliche Situationen. Und Felizitas beherrschte ihn ebenso glänzend wie den Probezauber. Da küsste Mama Fee ihre Tochter auf die Nasenspitze und gab ihr eine allerletzte Warnung mit auf den Weg: „Manche Menschen haben ziemlich seltsame Wünsche. Pass also gut auf, auf wen du dich einlässt."

Felizitas nickte. Dann flog sie aufgeregt hinab ins Tal, dorthin, wo die Menschen wohnen.

Im Tal hatte es zu regnen begonnen. Dicke Tropfen prasselten vom Himmel herab, und Felizitas musste sich beim Fliegen immerzu mit der freien Hand über die

Augen wischen, damit sie besser sehen konnte. Dann, endlich, erblickte Felizitas einen Menschen.

Es war ein junger Mann, der in seinem Garten gerade die Wäsche aufgehängt hatte. Verärgert starrte er hinauf in den Regen, als die kleine Fee auf der Dachrinne landete.

„Ich bin eine Fee", begrüßte Felizitas den Mann höflich. „Hast du einen Wunsch?" Schlagartig hellte sich das Gesicht des Mannes auf. „Ich wünsche mir, dass es nie mehr regnet!", sagte er, ohne zu überlegen.

Felizitas hatte schon ihren Zauberstab gezückt, als sie plötzlich innehielt. „Regen ist aber wichtig", sagte sie nachdenklich. Das hatte sie in der Feenschule gelernt. Die Bäume, die Blumen, ja sogar die Menschen brauchten den Regen. Der Mann war anderer Meinung.

„Regen ist lästig!", brummte er. „Ständig muss ich wegen ihm die Wäsche wieder abhängen, und außerdem verdirbt er mir die gute Laune. Also mach schon, erfülle mir meinen Wunsch!"

Felizitas schüttelte den Kopf. „Nö", sagte sie. „Diesen Wunsch erfülle ich dir nicht."

Dann flog sie weiter und beschloss, sich einen klügeren Menschen zu suchen.

Nach einer Weile hatte es sich ausgeregnet und hinter den Wolken kam wieder die Sonne hervor. Felizitas war in den Park geflogen. Sie schüttelte ihre nassen Flügel und hielt Ausschau nach einem weiteren Menschen.

Sie hatte Glück. Ganz in der Nähe auf einer Parkbank erblickte sie gleich zwei: einen Mann und eine Frau. Die beiden fuchtelten mit ihren Händen in der Luft herum und stritten so laut, dass die Blätter an den Bäumen bebten. Felizitas holte dreimal tief Luft, dann spreizte sie ihre Flügel und flog zu den beiden hinab.

„ICH BIN EINE FEE", schrie Felizitas, um sich Gehör zu verschaffen. „HABT IHR EINEN WUNSCH?"

Die beiden Menschen hielten inne und starrten Felizitas an.

Im nächsten Augenblick rief der Mann erbost: „ Und ob ich einen Wunsch habe! Ich wünsche dieser dummen Kröte eine giftgrüne Gurkennase ins Gesicht!"

Die Frau schrie gleich hinterher. „Und ich wünsche diesem Mistkerl einen rostroten Riesenrüssel an die Rübe!"

Als Felizitas sich die beiden Menschen mit ihren Wunschgesichtern vorstellte, musste sie kichern. Aber sie hatte auch gelernt, dass wirklich erfüllte Feenwünsche sich nicht wieder in Luft auflösten. Diese Wünsche blieben für immer. Und das wollte Felizitas den beiden nicht antun. „Da lässt sich leider nichts machen", seufzte sie.

Wütend hob der Mann seine Faust und die kleine Fee rettete sich erschrocken mit ihrem doppelten Luftsalto. Was für ein Glück, dass sie den so oft geübt hatte. Kopfschüttelnd flog sie weiter, um sich einen friedlicheren Menschen zu suchen.

Hinter dem Park begann die Stadt. Dort entdeckte Felizitas den nächsten Menschen. Ein Junge hockte auf dem Bürgersteig und bohrte in der Nase. Müde flatterte Felizitas auf ihn zu.

„Ich bin eine Fee", sagte sie und ließ kleine Funken aus ihrem Zauberstab sprühen. „Hast du einen Wunsch?"

Der Junge überlegte einen Moment. „Ich wünsche mir, dass du für immer bei mir bleibst und mir ab sofort jeden Wunsch von der Nasenspitze abliest", sagte er listig.

Felizitas ließ den Kopf hängen. „Das geht leider nicht", seufzte sie. „Ich wohne bei meiner Mama, und bei Einbruch der Dunkelheit muss ich zu Hause sein."

Der Junge stampfte mit dem Fuß auf. „Du hast mich nach meinem Wunsch gefragt, und jetzt erfülle ihn gefälligst, du blöde Fee!"

Felizitas tippte sich an die Stirn. „Bei so einem wie dir bleibe ich schon mal gar nicht", sagte sie wütend und beschloss, sich auf der Stelle einen freundlicheren Menschen zu suchen. Doch langsam wurden ihr wirklich die Flügel schwer.

Die Sonne ging unter, als Felizitas am Rand der Stadt ein kleines Häuschen erblickte. Im Garten saß ein alter Herr und las Zeitung.

„Ich bin eine Fee", flüsterte Felizitas erschöpft, als sie auf der Wiese landete. „Hast du einen Wunsch?"

Der alte Mann ließ die Zeitung sinken und lächelte Felizitas an. Dabei tanzten die vielen Falten wie kleine Strichmännchen auf seinem Gesicht herum.

„Du siehst müde aus", sagte er freundlich. „Magst du eine Tasse Schokolade?"

„Nein danke", sagte Felizitas, obwohl der Vorschlag sehr verlockend klang. „Ich bin eine Fee und möchte dir gerne einen Wunsch erfüllen."

„Das ist wirklich nett von dir", sagte der Alte. „Aber ich bin wunschlos glücklich."

„Waaas?" Felizitas fiel vor Enttäuschung der Zauberstab aus den Händen.

Wie sehr hatte sie sich auf diesen Tag gefreut! Jetzt war er fast zu Ende, und Felizitas hatte nicht einen echten Wunsch erfüllt.

Nicht einmal den kleinsten!

Und nun auch noch einem Menschen zu begegnen, der nicht einmal einen Wunsch hatte, das war einfach zu viel.

Felizitas vergrub den Kopf in den Händen und weinte.

„Oh bitte, bitte", ertönte da die Stimme des alten Mannes. „Hör auf zu weinen. Das bricht mir ja das Herz!"

Doch Felizitas dachte überhaupt nicht daran, aufzuhören.

Im Gegenteil: Sie fing erst richtig an. Sie schluchzte und schluchzte so bitterlich, dass der Alte ihr ganz verzweifelt auf die Schulter tippte.

„Kleine Fee", sagte er. „Kleine Fee, ich glaube, ich habe doch einen Wunsch."

Felizitas hob den Kopf. „Und welchen?", fragte sie schniefend.

„Ich wünsche mir, dass du wieder lachst", sagte der Alte.

Da fühlte Felizitas ein wunderbares Kribbeln im Bauch.

„Diesen Wunsch", sagte sie, „erfülle ich dir gern."

Der alte Mann machte ein so gespanntes Gesicht, dass Felizitas fast losgelacht hätte. Aber das wäre ja nur der halbe Spaß gewesen – denn jetzt war endlich der

Moment gekommen, an dem Felizitas zaubern konnte. Der Lachzauber war einer der schwierigsten, der selbst den großen Feen nicht immer gelang.

In winzigen Wellenbewegungen musste man den Zauberstab durch die Luft kreisen: achteinhalbmal in die linke Richtung und neuneinviertelmal in die rechte Richtung. Dabei musste man in der Luft fliegen und an Eis mit Mayonnaise, ein tanzendes Nilpferd, eine Gurke und einen Frosch denken. Genau das tat Felizitas jetzt. Der Zauberstab sirrte und schwirrte, er glühte und sprühte, sodass dem alten Mann vor Staunen der Mund offen stehen blieb.

„Fertig", rief die kleine Felizitas und lachte aus vollem Hals. „Dein Wunsch sei dir erfüllt."

„Da bin ich aber sehr erleichtert", sagte der alte Mann glücklich.

Das war Felizitas auch. Jetzt trank sie doch noch eine Tasse Schokolade mit dem alten Mann, und sie redeten und lachten, bis die Dämmerung hereinbrach.

Und dann flog die kleine Felizitas zurück nach Hause, wo Mama Fee sie schon aufgeregt erwartete.

Sabine Streufert

Lukas und die Sternenfee

Stubenarrest ist doof. Lukas sitzt im Kinderzimmer und malt mit dem Finger ein Gesicht auf die Scheibe. Und Mama ist auch doof. Den ganzen Nachmittag muss er in seinem Zimmer bleiben.

Kein Fußball, kein Radfahren, und mit Tim durfte er auch nicht mehr spielen. Und das alles nur wegen der blöden Rosen …

Dabei hatte der Tag so gut angefangen. Morgens war Mama mit ihm in den Tierpark gegangen, und danach hatte er mit Tim im Garten Fußball gespielt. Das war toll – bis der Ball in die Rosen flog. Es war ganz schön schwer, ihn dort wieder herauszubekommen. Lukas schaut nachdenklich auf seine zerkratzten Hände. Der Ball ist dabei kaputtgegangen und das Rosenbeet auch ein bisschen. Mama war ganz schön wütend. Lukas seufzt. Draußen wird es langsam dunkel, am Himmel leuchten schon die ersten Sterne. Lukas würde gern zu den Sternen fliegen. Da oben gibt es bestimmt jede Menge Platz zum Fußballspielen, denkt er. Und keine blöden Rosenbeete.

Die Tür geht auf, und Mama schaut ins Zimmer. „Zeit zum Schlafengehen", sagt sie. Lukas will gerade von der Fensterbank rutschen, da sieht er plötzlich etwas über den Himmel sausen. Es ist klein und schnell und leuchtet ganz hell. „Da war ein UFO", ruft Lukas und deutet aus dem Fenster.

Mama schüttelt den Kopf. „Das war bestimmt eine Sternschnuppe", sagt sie. „Und jetzt ab ins Bett!"

Schade, denkt Lukas.

Als er im Bett liegt, kann er nicht einschlafen. Immer wieder schaut er zum Fenster hinüber. „Was meinst du, Teddy?", fragt er seinen Bären. „Ob da noch mehr Sternschnuppen sind?" Lukas ist so neugierig, dass er es im Bett nicht mehr aushält. Mit Teddy unter dem Arm schleicht er wieder ans Fenster. Draußen ist es jetzt ganz dunkel. Die Sterne funkeln hell. Lukas hockt sich mit Teddy auf die Fensterbank und wartet gespannt. Eine Weile geschieht nichts. Doch plötzlich

saust wieder ein heller Punkt über den Himmel. Dann noch einer und noch einer. Immer mehr Sternschnuppen tauchen auf, fliegen ein Stück über den Himmel und verschwinden wieder. Lukas weiß gar nicht, wo er zuerst hinsehen soll.

Plötzlich entdeckt er eine besonders helle Sternschnuppe. Ihr Licht leuchtet wie eine große Taschenlampe in den Garten. Lukas erkennt den Zaun, die Sandkiste, das Rosenbeet … Die Sternschnuppe kommt immer näher. Lukas muss die Augen schließen, weil das Licht so blendet. Als er sie öffnet, ist es wieder dunkel. Na ja, fast dunkel. Nur in Mamas Rosenbeet sieht er ein schwaches Leuchten. Was ist denn das? Lukas reibt sich verwundert die Augen. Aber von hier oben kann er nichts erkennen.

„Komm mit, Teddy", sagt er, schnappt sich seinen Bären und springt von der Fensterbank. „Das sehen wir uns mal genauer an."

Mit klopfendem Herzen schleicht Lukas die Treppe hinunter ins Wohnzimmer. Mama und Papa sitzen zum Glück in der Küche und merken nichts. Vor der Terrassentür bleibt Lukas stehen und späht in den dunklen Garten hinaus. Im Rosenbeet leuchtet es noch immer. Lukas zögert. Ein wenig unheimlich findet er das schon. Aber dann nimmt er seinen ganzen Mut zusammen und öffnet die Tür zum Garten.

Mit Teddy im Arm huscht er über den Rasen. Die Luft ist warm, aber das Gras ist feucht und kalt. Es kitzelt an seinen nackten Füßen. Am Rosenbeet kniet er sich hin. Als er die Äste ein wenig auseinanderbiegt, traut er seinen Augen nicht: Mitten im Beet hockt ein winziges Mädchen auf dem Boden. Sie ist ungefähr so groß wie Teddy und zerrt verzweifelt an einem kleinen leuchtenden Stern, der sich in den Rosen verfangen hat. Dabei schimpft sie leise vor sich hin. Das Kleid des Mädchens bleibt immer wieder an den Dornen hängen. Es ist schon ganz zerrissen.

„Kann ich dir vielleicht helfen?", fragt Lukas.

Erschrocken versteckt sich das Mädchen hinter dem Stern und starrt Lukas mit großen Augen an.

„Wer bist du?", fragt sie ängstlich.

„Ich heiße Lukas, und ich wohne hier", sagt Lukas. „Aber wer bist du, und was machst du in unserem Garten?"

„Ich bin die Sternenfee Lilia", sagt das Mädchen. „Und das ist meine Sternschnuppe. Wir kommen von da oben." Sie deutet mit der Hand zum Himmel hinauf. „Wir machen ein Sternschnuppenwettfliegen. Aber der blöde Sonnenwind hat mich aus der Bahn geworfen. Ich bin abgestürzt, und nun sitze ich hier in deinem Garten und bekomme meine Sternschnuppe nicht wieder frei." Sie schnieft ein bisschen. „Bestimmt verliere ich jetzt."

Lukas überlegt eine Weile, dann fällt ihm etwas ein. „Warte einen Moment", flüstert er und springt auf. „Ich helfe dir." Er legt Teddy auf den Rasen und läuft hinüber zur Terrasse. Da steht der Eimer mit Mamas Gartenwerkzeug. Er kramt die Rosenschere heraus und flitzt zu Lilia zurück. „Damit kriegen wir deine Sternschnuppe ruck, zuck wieder frei", sagt er und fängt an, die Zweige der Rosen abzuschneiden.

„Sei vorsichtig", mahnt Lilia. „Wenn der Sternenschweif kaputtgeht, kann meine Schnuppe nicht mehr fliegen."

Lukas nickt. „Ich pass schon auf."

Immer mehr Rosenzweige fliegen im hohen Bogen auf den Rasen. Die Dornen stechen Lukas und reißen Löcher in seinen Schlafanzug. Aber das bemerkt er gar nicht. Er ist viel zu beschäftigt.

Endlich hat er es geschafft.

Er hebt den leuchtenden Stern vorsichtig aus dem Beet und setzt ihn vor Lilia auf den Rasen. Die kleine Sternenfee klettert überglücklich darauf und saust ein paar Runden durch den Garten. „Vielen Dank", jubelt sie im Vorbeifliegen. „Du hast mir sehr geholfen."

Dann kommt sie noch einmal zu Lukas zurück. „Was bin ich doch für eine schlechte Sternenfee", schimpft sie sich selbst aus. „Jetzt hätte ich fast etwas Wichtiges vergessen." Sie sieht Lukas an und lacht. „Du hast ja noch einen Wunsch frei. Also: Was kann ich für dich tun?"

Einen Wunsch? Lukas überlegt. Was soll er sich wünschen? Ein Meerschweinchen vielleicht oder einen neuen Fußball? Da fällt sein Blick auf Mamas Rosen. Jetzt ist das Beet wirklich ziemlich zerstört. Plötzlich hat er eine Idee. „Ich wünsche mir ein schönes neues Rosenbeet für Mama", sagt er leise. „Mit ganz vielen Blüten."

„Kein Problem", sagt Lilia. Sie holt einen kleinen Beutel Sternenstaub aus ihrer

Tasche hervor und pustet das goldene Pulver über den Rasen und das zerstörte Beet. Es funkelt und knistert; und ehe Lukas sich versieht, wachsen vor ihm aus dem Boden wunderschöne, duftende Rosen. Eine nach der anderen, immer mehr. Das hat er noch nie gesehen.

„Hübsch, nicht wahr?" Lilia strahlt Lukas an.

Lukas nickt heftig. Vor Staunen kann er gar nicht antworten.

„So, jetzt muss ich aber los. Mach's gut." Lilia winkt noch einmal zum Abschied, dann saust sie schnell wie der Blitz in den Himmel hinauf. Lukas sieht ihr noch lange nach. „Du auch", murmelt er leise.

Als er am nächsten Morgen die Augen öffnet, geht gerade die Sonne auf. Sie scheint durch die Vorhänge und kitzelt ihn an der Nase. Das war aber ein schöner Traum, denkt Lukas und ist fast ein wenig traurig, dass es Sternenfeen gar nicht wirklich gibt. Lukas seufzt und nimmt Teddy in den Arm. „Na komm, Teddy, wir müssen Mama helfen, das Rosenbeet wieder herzurichten." Doch als er seinen Bären hochhebt, rieselt auf einmal feiner goldener Staub auf die Bettdecke herab. Ganz wenig nur, aber Lukas sieht ihn trotzdem. Und plötzlich ist er gar nicht mehr traurig.

Katharina Mauder

Ojemine, 'ne Fee!

Wie ein leiser Windhauch tanzt die Feenprinzessin Isabella über die blühende Sommerwiese. Immer wieder dreht sie sich und springt federleicht in die Höhe. Ihr rosafarbenes Kleid wogt sanft, als ihre Zehen den Boden berühren …

Von einem schallenden Lachen wird Isabell aus ihren Träumen gerissen. „Ojemine, 'ne Fee!", kichert ihr Bruder. „Isi, deine schiefen Flügel sind echt zum Schießen! Mit dem Gestrüpp auf dem Kopf und diesem komischen Kleid siehst du aber eher wie eine Unkrauthexe aus – und nicht wie eine Fee." Schon wieder dieses Lachen.

Isabell spürt, wie sich ihr Magen zusammenzieht. „Das ist kein Gestrüpp, sondern meine Blumenkrone", sagt sie enttäuscht. Sie schaut an sich selbst herab und streicht über ihren neuen Rock aus Tüll und Seidentüchern. Eben hat sie sich noch wunderschön gefühlt …

„Du solltest auch lieber mal mit deinen Turnübungen aufhören, Schwesterchen", stichelt ihr Bruder weiter. „Oder willst du etwa, dass es gleich regnet?"

Isabell presst die Lippen aufeinander. Wieso muss ihr blöder Bruder bloß immer alles miesmachen? Sie schluckt, und ihre Hände ballen sich zu Fäusten. „Von Feentänzen versteht Ihr leider nicht viel, Trollkönig Matzemanius!"

Jetzt kriegt Isabells Bruder sich gar nicht mehr ein vor Lachen. „Matze reicht. Oh Mann, du spinnst echt, Isilein! In deinem Kopf gibt es Feen wahrscheinlich wirklich."

„Klar gibt's die!", ruft Isabell und verschränkt die Arme vor der Brust. „Sie sind wunderschön, trinken Blütennektar, und wenn sie tanzen, kann man das Flüstern der Bäume hören und die Sonne scheint noch strahlender. Und manchmal verlassen sie das Reich der Feen, um einem Menschen, der ganz fest an sie glaubt, drei Wünsche zu erfüllen."

Matzes Lachen wird langsam zu einem Glucksen und Gurgeln.

Isabell stampft mit dem Fuß auf. Wie kann man nur so gemein sein? „Wenn erst mal eine Fee zu mir kommt und ich drei Wünsche frei habe, dann kannst du was erleben!", ruft sie und rennt ins Haus.

Oben in ihrem Zimmer knallt Isabell die Tür hinter sich zu und spürt, wie zwei Tränen ihre Wangen herunterlaufen. Wieso muss Matze nur immer so fies zu ihr sein?
„Was machst du denn für einen grässlichen Krach?", meckert auf einmal ein dünnes Stimmchen in Isabells Zimmer.
Isabell fährt heftig zusammen. „Ojemine …", flüstert sie heiser, als sie die kleine Gestalt entdeckt, „… eine … Unkrauthexe?", fragt Isabell vorsichtig. Sie weiß nicht recht, was das handtellergroße Wesen sein könnte, das da in Flicken-Pumphosen und einem bauchfreien T-Shirt auf ihrem Fensterbrett steht und die Hände vorwurfsvoll in die Hüften stemmt. Auf dem Kopf des Wesens erstrahlt in Pink

und Lila ein kleines Durcheinander aus Dread Locks. Und ist das etwa ein Nasenring?

„Unkrauthexe – pfft! Schon mal eine Hexe mit Flügeln gesehen?", empört sich das tatsächlich geflügelte Mädchen. Isabell ist ratlos.

„Mensch, ich bin 'ne Fee, du Schlaumeierin!", erklärt das Flügelmädchen und verdreht die Augen.

Was? Soll das vielleicht ein Scherz sein? Dieses komische Wesen, das jetzt lautstark eine große giftgrüne Kaugummiblase zerplatzen lässt, kann doch keine Fee sein – das zarteste und wunderschönste Geschöpf auf der Welt!

„Du brauchst mich gar nicht so anzustarren. Es sind nun mal nicht alle Feen rosa!", motzt die kleine Fee und springt mit einem wilden Satz vom Fensterbrett in die Luft. In einem tollkühnen Flugmanöver mit ein paar Loopings fliegt sie eine Runde um Isabells Kopf, sodass der ganz schwindlig wird. Doch während sie so herumflattert, ertönt ein leises Klingeln, so lieblich wie die schönste Musik, die Isabell je gehört hat – Feenmusik!

„Du bist ja tatsächlich eine Fee!", staunt Isabell und bekommt den Mund kaum wieder zu.

„Sag ich doch! Also die Schnellste bist du ja nicht." Die gerade gelandete Fee hebt kritisch die Augenbrauen.

Doch Isabell hört gar nicht richtig hin. „Das ist ja super! Wow! Ich habe eine waschechte leibhaftige Fee zu Besuch!" Dann zwickt sie sich, um sicherzugehen, dass sie nicht träumt. Aber das Flügelmädchen guckt sie immer noch mit gerunzelter Stirn an. „Juhuuuu, eine richtige Fee!" Isabell dreht sich vor Freude wild im Kreis. Doch plötzlich hält sie inne: „Sag mal, dann habe ich ja jetzt auch drei Wünsche frei. Oooohh klasse! Heute ist mein Glückstag!", jubelt sie und tanzt durch das Zimmer.

„Nein, nein, nein, nein, nein, kommt nicht in die Tüte." Die Fee schüttelt energisch ihren Kopf und ihren ausgestreckten Zeigefinger gleich noch dazu. „Wünsche erfüllen is nich."

Isabell bleibt abrupt stehen. „Wie? Aber warum denn nicht?"

„Ich hab einfach keine Lust dazu. Ich hab Urlaub!", flötet die Fee unbekümmert. Dann schweift ihr Blick noch einmal durch das Zimmer und sie fügt gönnerhaft

hinzu: „Aber ich glaube, mir gefällt es hier ganz gut. Ich werde bei dir bleiben und du kannst für diesen Urlaub meine Dienerin sein. Ich heiße übrigens Krispy." Komischer Name für eine Fee. Aber irgendwie hatte Isabell es sich sowieso anders vorgestellt, wenn sie einmal Besuch von einer Fee bekommt. Egal! Immerhin will eine echte Fee bei ihr wohnen! Der helle Wahnsinn – selbst wenn sie so merkwürdig aussieht wie Krispy. Und über die Sache mit der Dienerin kann man ja vielleicht noch einmal reden …

Kann man allerdings nicht! Die kleine Krispy hält Isabell die nächsten Tage mächtig auf Trab. Ständig hat sie neue Wünsche, noch dazu ganz schön ausgefallene. Auf Isabells Vorschlag hin, ihr zum Essen frische Blumen zu bringen, damit sie deren Nektar trinken kann, verzieht Krispy angewidert das Gesicht. Auch für Obst ist sie nicht zu begeistern. Stattdessen will sie ständig nur Cola mit Kakaopulver trinken und Isabell muss aus dem Gartenteich Algen fischen und kräftig Chilipulver darüberstreuen. Igitt!

Isabell versteht auch nicht, was Krispy eigentlich an ihrem Zimmer gefallen hat, denn jetzt soll sie all ihre Feensachen und überhaupt alles, was rosa ist und glitzert, verschwinden lassen. Na ja, ist ja nur für ein paar Tage, denkt sich Isabell und räumt widerwillig ihre Lieblingsspielsachen in eine große Kiste.

„Ich will Schatten. Bau mir mal einen Sonnenschirm." – „Mir ist langweilig. Liest du mir was vor? Nein, keine Feengeschichte, die sind doch albern." – „Nein, ich habe keine Lust, in den Park zu gehen, um zu tanzen. Das mit den flüsternden Bäumen ist eh nicht so toll." – „Jetzt ist mir kalt. Ich will Sonne!"

Puh, ganz schön anstrengend, diese Krispy! Isabell seufzt. Was fand sie an Feen eigentlich noch mal so toll?!

Und als Isabell noch zwei weitere Tage herumkommandiert wird, platzt ihr schließlich der Kragen. „Du bist ja schlimmer als mein Bruder Matze!", ruft sie. „Was glaubst du eigentlich, wer du bist? Du kannst dir eine andere Dienerin suchen, bei der du deinen Urlaub verbringst!" Isabell ist ganz außer sich.

Da lässt Krispy die Flügel hängen und bekommt riesengroße wässrige Augen. „Aber … ich kann hier doch gar nicht weg, bevor ich deine Wünsche erfüllt habe", schluchzt sie kleinlaut.

Hä? Was redet die Fee da bloß? „Ich denke, du erfüllst in deinem Urlaub keine Wünsche?"

„Na ja, ganz genau genommen habe ich gar keinen Urlaub, sondern soll dir drei Wünsche erfüllen. Aber danach müsste ich gleich zurück ins Feenreich."

Isabell kapiert überhaupt nichts mehr. „Dort ist es doch bestimmt wunderschön?!"

„Ja, genau." Die Fee bekommt gleich wieder Falten auf der Stirn und verschränkt ihre Arme. „Und überall ist es rosa und glitzert und alle sind zart und lieblich und wundervoll", motzt sie. „Da pass ich ja wirklich ganz toll hin."

Jetzt versteht Isabell endlich. Krispy ist so schlecht gelaunt, weil sie keine Freunde hat. Weil jeder sie merkwürdig und anders findet.

Isabell schluckt. Genauso dachte sie bis eben ja auch. Wenn sie der kleinen Krispy, die schon wieder ganz traurig vor sich hinguckt, nur helfen könnte … Da hat Isabell eine supertolle Idee! „Wenn du mir erst mal nur zwei Wünsche erfüllst, musst du ja noch nicht zurück ins Feenreich, oder? Und mit dem dritten Wunsch schauen wir danach weiter."

Krispy zuckt missmutig mit den Schultern. „Von mir aus …"

„Super!" Isabell ist gleich ganz aufgeregt. Sie flüstert Krispy ihren ersten Wunsch ins Ohr und der zaubert sogar auf das Gesicht der traurigen Fee ein kleines Grinsen. Krispy schließt die Augen und murmelt etwas vor sich hin. Dann lächelt sie

Isabell an: „Erledigt!"

Nun heißt es warten.

Nach zwei endlosen Stunden kommt Matze aus der Schule nach Hause.

„Isiiiiiiii!!", brüllt er durchs Treppenhaus. „Ich weiß nicht, wie du das angestellt hast, aber das werde ich dir heimzahlen! Hast du eine Ahnung, wie mich in der Schule alle ausgelacht haben?!"

Krispy flattert auf Isabells Schulter, die ungeduldig zum Treppengeländer rennt. Unten steht Matze in dem schönsten Feenkleid, das Isabell je gesehen hat. Und statt seines Schulranzens trägt er einen glitzernden Blumenrucksack.

„Wie werde ich dieses verfluchte Kleid wieder los? Es ist wie festgewachsen!" Matze zerrt an den großen Glitzerflügeln.

„Ach, das wird bestimmt wieder", presst Isabell zwischen Glucksen hervor. „Aber du hattest recht, Matze. Ich bin wirklich eine schlechte Fee – jedenfalls im Vergleich zu dir! Darf ich das Kleid vielleicht haben, wenn du dich davon trennen kannst?"

Während Matze wütend auf sein Zimmer stampft, liegen Isabell und Krispy am Boden vor Lachen und es dauert eine ganze Weile, bis sie sich wieder ein bisschen beruhigt haben. Dann hält Krispy grinsend ihre winzige Hand hoch und Isabell schlägt vorsichtig ein.

„Zeit für meinen zweiten Wunsch! Ich wünsche mir, dass du im Feenreich eine andere durchgeknallte klei-

23

ne Punkerfee findest, sodass du nicht mehr so alleine unter den rosa Feen bist."

Schon wieder bekommt Krispy riesengroße wässrige Augen. „Aber du kannst dir doch auch was für dich selbst wünschen."

„Du hast meinen Wunsch gehört", lächelt Isabell.

Die kleine Fee schaut Isabell unsicher an, und als diese aufmunternd nickt, schließt Krispy die Augen und murmelt sehr lange vor sich hin. Dann blickt sie gerührt zu Isabell. „Danke!", flüstert sie und kann kaum die Tränen zurückhalten. „So etwas Nettes hat noch nie jemand für mich getan!"

Isabells Lächeln wird immer breiter. Nun fühlt sie sich richtig zufrieden.

„Und was ist dein dritter Wunsch", fragt Krispy schließlich. „Jetzt würde ich nämlich doch gerne wieder zurück ins Feenreich", fügt sie schüchtern hinzu.

„Mein dritter Wunsch ist, dass du mich mal wieder besuchen kommst."

Diesmal schließt Krispy nur für einen kurzen Moment die Augen und beginnt gar nicht erst zu murmeln. „Das war einfach", grinst sie. „Das wollte ich nämlich sowieso tun."

Dornröschen

Vor Zeiten lebten ein König und eine Königin, die sprachen jeden Tag: „Ach, wenn wir doch ein Kind hätten!", aber sie kriegten immer keins. Da trug es sich zu, als die Königin einmal im Bade saß, dass ein Frosch aus dem Wasser ans Land hüpfte und zu ihr sprach: „Dein Wunsch wird erfüllt werden. Ehe ein Jahr vergeht, wirst du eine Tochter zur Welt bringen." Was der Frosch gesagt hatte, das geschah, und die Königin gebar ein Mädchen, das war so schön, dass der König vor Freude ein großes Fest anstellte. Er lud nicht bloß seine Verwandten, Freunde und Bekannten, sondern auch die weisen Frauen dazu ein, damit sie dem Kind hold gewogen wären.

Es waren ihrer dreizehn in seinem Reiche. Weil er aber nur zwölf goldene Teller hatte, von welchen sie essen sollten, so musste eine von ihnen daheim bleiben. Das Fest wurde mit aller Pracht gefeiert, und als es zu Ende war, beschenkten die weisen Frauen das Kind mit ihren Wundergaben: die eine mit Tugend, die andere mit Schönheit, die dritte mit Reichtum und so mit allem, was auf der Welt zu wünschen ist. Als elf ihre Sprüche eben getan hatten, trat plötzlich die dreizehnte herein. Sie wollte sich dafür rächen, dass sie nicht eingeladen worden war, und ohne jemanden zu grüßen oder auch nur anzusehen, rief sie mit lauter Stimme: „Die Königstochter soll sich in ihrem fünfzehnten Jahr an einer Spindel stechen und tot hinfallen." Und ohne ein Wort weiter zu sprechen, kehrte sie um und verließ den Saal.

Alle waren erschrocken, da trat die zwölfte hervor, die ihren Wunsch noch übrig hatte, und weil sie den bösen Spruch nicht aufheben, sondern ihn nur mildern konnte, so sagte sie: „Es soll aber kein Tod sein, sondern ein hundertjähriger Schlaf, in welchen die Königstochter fällt."

Der König, der sein liebes Kind vor diesem Unglück gern bewahren wollte, ließ den Befehl ausgehen, dass alle Spindeln im ganzen Königreiche verbrannt werden sollten.

An dem Mädchen aber wurden die Gaben der weisen Frauen sämtlich erfüllt; denn es war so schön, sittsam, freundlich und verständig, dass es jedermann, der es ansah, lieb haben musste. Es geschah, dass an dem Tage, wo es gerade fünfzehn Jahre alt wurde, der König und die Königin nicht zu Hause waren, und das Mädchen ganz alleine im Schloss zurückblieb.

Da ging es überall herum, besah Stuben und Kammern, wie es Lust hatte, und kam endlich auch an einen alten Turm. Es stieg die enge Wendeltreppe hinauf und gelangte zu einer kleinen Türe.

In dem Schloss steckte ein Schlüssel, und als das Mädchen ihn umdrehte, sprang die Türe auf, und es saß da in einem kleinen Stübchen eine alte Frau mit einer Spindel und spann emsig ihr Flachs. „Guten Tag, du altes Mütterchen", sprach die Königstochter, „was machst du da?"

„Ich spinne", sagte die Alte und nickte mit dem Kopf.

„Was ist das für ein Ding, das so lustig herumspringt?", sprach das Mädchen, nahm die Spindel und wollte auch spinnen.

Kaum hatte sie aber die Spindel angerührt, so ging der Zauberspruch in Erfüllung, und sie stach sich damit in den Finger.

In dem Augenblick aber, wo sie den Stich empfand, fiel sie auf das Bett nieder, das da stand, und lag in einem tiefen Schlaf.

Und dieser Schlaf verbreitete sich über das ganze Schloss: Der König und die Königin, die eben heimgekommen und in den Saal getreten waren, fingen an einzuschlafen, und der ganze Hofstaat mit ihnen.

Es schliefen auch die Pferde im Stall, die Hunde im Hof, die Tauben auf dem Dache, die Fliegen an der Wand, ja, das Feuer, das auf dem Herd flackerte, wurde still und schlief ein, und der Braten hörte auf zu brutzeln, und der Koch, der den Küchenjungen, weil er etwas vergessen hatte, an den Haaren ziehen wollte, ließ ihn los und schlief. Und der Wind legte sich, und auf den Bäumen vor dem Schloss regte sich kein Blättchen mehr.

Rings um das Schloss aber begann eine Dornenhecke zu wachsen, die jedes Jahr höher und höher wurde und endlich das ganze Schloss umzog und darüber hinaus wuchs, sodass gar nichts mehr davon zu sehen war, selbst nicht die Fahne auf dem Dach.

Es ging aber die Sage durch das Land von dem schönen schlafenden Dornröschen, denn so wurde die Königstochter genannt, sodass von Zeit zu Zeit Königssöhne kamen und durch die Hecke in das Schloss dringen wollten. Es war ihnen aber nicht möglich, denn die Dornen, als hätten sie Hände, hielten fest zusammen, und die Jünglinge blieben darin hängen, konnten sich nicht wieder losmachen und starben eines jämmerlichen Todes.

Nach langen, langen Jahren kam wieder einmal ein Königssohn in das Land und hörte, wie ein alter Mann von der Dornenhecke erzählte. Es sollte ein Schloss dahinter stehen, in welchem eine gar wunderschöne Königstochter, Dornröschen genannt, schon seit hundert Jahren schliefe, und mit ihr schliefe der König und die Königin und der ganze Hofstaat.

Er wusste auch von seinem Großvater, dass schon viele Königssöhne gekommen waren und versucht hatten, durch die Dornenhecke zu dringen, aber sie waren darin hängen geblieben und eines traurigen Todes gestorben.

Da sprach der Jüngling: „Ich fürchte mich nicht, ich will hinaus und das schöne Dornröschen sehen." Der gute Alte mochte ihm abraten, wie er wollte, der Königssohn hörte nicht auf seine Worte.

Nun waren aber gerade die hundert Jahre verflossen, und der Tag war gekommen, an dem Dornröschen erwachen sollte. Als der Königssohn sich der Dornenhecke näherte, waren es lauter große schöne Blumen, die taten sich von selbst auseinander und ließen ihn unbeschädigt hindurch, und hinter ihm schlossen sie sich wieder als Hecke zusammen.

Im Schlosshof sah er die Pferde und scheckigen Jagdhunde liegen und schlafen; auf dem Dache saßen die Tauben und hatten das Köpfchen unter die Flügel gesteckt. Und als er ins Haus kam, schliefen die Fliegen an der Wand, der Koch in der Küche hielt noch die Hand, als wollte er den Jungen anpacken, und die Magd saß vor dem schwarzen Huhn, das gerupft werden sollte.

Da ging er weiter und sah im Saale den ganzen Hofstaat liegen und schlafen, und oben bei dem Throne lagen der König und die Königin.

Da ging er noch weiter, und endlich kam er zu dem Turm und öffnete die Türe zu der kleinen Stube, in welcher Dornröschen schlief. Da lag es und war so schön, dass er die Augen nicht abwenden konnte, und er gab ihm einen Kuss.

Wie er es mit dem Kuss berührt hatte, schlug es die Augen auf, erwachte und blickte ihn ganz freundlich an. Da gingen sie zusammen hinab, und der König erwachte und die Königin und der ganze Hofstaat und sahen einander mit großen Augen an.

Und die Pferde im Hof standen auf und rüttelten sich, die Jagdhunde sprangen auf und wedelten, die Tauben auf dem Dach zogen das Köpfchen unterm Flügel hervor, sahen umher und flogen ins Feld, die Fliegen an den Wänden krochen weiter, das Feuer in der Küche erhob sich, flackerte und kochte das Essen, der Braten fing wieder an zu brutzeln, der Koch gab dem Jungen eine Ohrfeige, dass er schrie, und die Magd rupfte das Huhn fertig.

Und da wurde die Hochzeit des Königssohns mit dem Dornröschen in aller Pracht gefeiert, und sie lebten vergnügt bis an ihr Ende.

Jutta Wilke

Netti Spaghetti

Schon wieder Gemüse zum Mittagessen! Wütend pfeffert Anna den Rucksack in die Ecke. Da hört sie ein Geräusch. Auf ihrem Bett sitzt etwas und weint.

Das Etwas ist ungefähr so groß wie Annas Teddy und hat blaue Locken auf dem Kopf. Es trägt ein grünes Kleid, aus dem zwei spindeldürre Arme und zwei nackte Beinchen herausgucken.

„Nanu, wer bist du denn?", fragt Anna.

„Ich bin Netti. Netti Spaghetti."

„Heißt du wirklich Spaghetti?" Anna staunt. Dann entdeckt sie die Flügel auf Nettis Rücken. „Du bist ja eine Fee!"

Die kleine Fee nickt. „Ich heiße so, weil ich so gerne Nudeln esse." Als Netti Nudeln sagt, fangen ihre Augen richtig an zu leuchten.

Anna jubelt. „Ich liebe Nudeln!"

„Ich auch", seufzt die kleine Fee. „Und ich habe schon so lange keine mehr gegessen."

Eine dicke Träne kullert über ihre Nase. „Ich muss unbedingt drei Wünsche erfüllen", schluchzt sie. „Das ist unsere Abschlussprüfung in der Feenschule. Aber ich finde einfach niemanden, der einen Wunsch hat."

Eigentlich klingt das toll, findet Anna. Wünsche erfüllen als Abschlussprüfung. „Ich habe ganz viele Wünsche!"

Netti Spaghetti schüttelt den Kopf. „Das geht nicht", erklärt sie. „Die Menschen dürfen mich beim Wünschen nicht sehen."

„Dann mache ich die Augen zu!"

„Das gilt nicht. Du hast mich ja schon gesehen."

Da hört Anna ein leises Knurren. „War das dein Bauch?"

Netti wird dunkelrot im Gesicht. „Ich habe Hunger. Und wenn ich Hunger habe, kann ich nicht richtig zaubern. Weil ich dann immer an Nudeln denken muss."

Sie erklärt Anna, dass Feen nur im Feenreich etwas essen können. Und ins Feenreich darf Netti erst zurück, wenn sie es geschafft hat, drei Wünsche zu erfüllen.

„Komm mit!" Anna schnappt sich ihren Rucksack, setzt Netti hinein und stürmt mit ihr die Treppe hinunter.

Draußen im Garten treffen sie Opa, der gerade Äpfel erntet.

„Hallo Opa", ruft Anna. „Wenn ich eine Fee wäre, was würdest du dir wünschen?"

„Ich würde mir wünschen, dass keine Äpfel mehr am Baum hängen."

Aus Annas Rucksack schweben kleine blaue Wölkchen und rosa Sterne.

Anna reißt die Augen auf. Alle Äpfel sind verschwunden. Dafür hängt der Baum jetzt voller Nudeln. Überall an den Ästen, lange und kurze. Opa macht den Mund auf und will etwas sagen. Da rieseln ihm ein paar winzige Suppennudeln auf die Nase.

„Kannst du nicht mal an was anderes denken als an Nudeln?", zischt Anna und läuft aus dem Garten.

„Aber die Äpfel sind verschwunden", kichert Netti.

Da kommt der Briefträger um die Ecke.

„Hallo!", ruft Anna. „Wenn ich eine Fee wäre, was würdest du dir wünschen?"

„Wenn du eine Fee wärst?" Der Briefträger überlegt. „Dann würde ich mir wünschen, dass ich keine Rechnungen mehr in meiner Tasche hätte. Alle schimpfen, weil ich immer nur Rechnungen bringe."

Hoffentlich geht das gut, denkt Anna.

„Huch, was ist das denn?", ruft der Briefträger erschrocken.

Wo vorher noch dicke Briefe mit Rechnungen rausguckten, liegt jetzt ein großer Berg Tortellini. Mit Sahnesoße.

„Da hol mich doch der Kuckuck", staunt der Briefträger und kratzt sich am Kopf. „Ich wollte sowieso gerade eine Pause machen." Er setzt sich auf eine Mauer und fängt an zu essen.

Schnell läuft Anna zum Park. „So geht das nicht weiter. Wenn du immer nur Nudeln zauberst, kommst du nie zurück ins Feenreich."

„Aber die Rechnungen sind doch verschwunden", grinst Netti. „Wunsch also erfüllt."

Nie hätte Anna gedacht, dass Feen so anstrengend sein können.

Eine Oma setzt sich zu Anna auf die Bank und blinzelt fröhlich in die Sonne. „An so einem schönen Tag ist man doch wunschlos glücklich. Nicht wahr?"

Sie strahlt Anna an. Aus Annas Rucksack dringt ein Jammern.

„Hast du gar keine Wünsche?", fragt Anna schnell und gibt dem Rucksack einen Schubs. Hoffentlich hält Netti jetzt die Klappe.

„Nicht den klitzekleinsten!" Fröhlich schlenkert die Oma mit den Beinen.

„Aber wenn ich eine Fee wäre, was würdest du dir dann wünschen?" So schnell gibt Anna nicht auf.

„Wenn du eine Fee wärst?" Die Oma lacht. „Ich würde mir einen neuen Hut wünschen."

Oh nein, bitte nicht, denkt Anna noch. Aber es ist zu spät.

„Huch! Was ist das denn?"

Anna stöhnt. Auf Omas Kopf sitzt ein Hut. Und auf dem Hut ringeln sich lustige Spiralnudeln.

„Wo kommen die denn auf einmal her?" Vorsichtig nimmt sie den Hut ab.

Anna schnappt sich den Rucksack und läuft über die Wiese. Langsam bekommt sie richtig Hunger. Wünsche erfüllen ist echt anstrengend.

„Ich wünschte, mein Rucksack wäre auch mal voller Nudeln", seufzt sie.

Wie auf Kommando schweben kleine blaue Wölkchen und rosa Sterne aus Annas Rucksack.

„Juchhu! Es funktioniert! Obwohl du mich gesehen hast! Jetzt bin ich eine richtige Fee!" Netti Spaghetti flattert auf Annas Schulter.

Aus dem Rucksack quellen Spaghetti. Überall hängen sie raus, sogar aus dem kleinen Fach an der Seite. Obendrauf ist Tomatensoße. Und Parmesankäse.

Netti strahlt und winkt.

„He, warte!", ruft Anna. Aber da ist die kleine Fee auch schon verschwunden.

„Mach's gut, Netti Spaghetti", murmelt Anna.

Dann fängt sie an zu essen. In ihrem Rucksack sind die besten Spaghetti, die sie je gegessen hat. Echte Netti-Spaghetti eben.

Kristin Lückel

Die Fiese Fee Fiona

„Die Findige Fiona? Nein, das klingt nicht böse genug. Vielleicht doch lieber die Finstere Fiona? Oder … Moment, jetzt habe ich es: die Fiese Fiona! Ja, das ist perfekt!" Glücklich seufzte die kleine Fee Fiona und flatterte vor Freude mit ihren dunkelblauen Flügeln. Fiona konnte es kaum erwarten, als die Fiese Fiona ihr Unwesen zu treiben. Wenn sie nur daran dachte, bekam sie ein ganz warmes, kribbelndes Gefühl in ihrem Bauch.

Ihre beiden großen Schwester, die Grausame Grete und die Hinterlistige Hilde, waren schon seit einigen Jahren böse Feen und berichteten Fiona oft von den gemeinen Taten, die sie in der Menschenwelt vollbracht, und den lustigen Streichen, die sie dort gespielt hatten.

„Und ich werde mindestens genauso böse sein!", schwor sich Fiona.

Ihre Schwestern behaupteten, dass Fiona zu lieb sei und niemals eine wirklich böse Fee werden würde. Und sie ärgerten Fiona mit gruseligen Geschichten über Feen, die nicht böse sein konnten und darum ins Reich der guten Feen verbannt wurden. „Denen werde ich es schon zeigen!"

Es gab allerdings noch ein klitzekleines Problem – Fiona musste ihre Feenprüfung bestehen und drei Zaubersprüche beherrschen: den Stehl-Zauber, den Kaputtmach-Zauber und den Weh-tu-Zauber.

Für eine böse Fee sollten das ja eigentlich keine schweren Aufgaben sein, aber immer wenn Fiona versuchte etwas Böses zu tun, kam schlussendlich etwas Gutes dabei heraus. Es war wirklich wie verhext!

„Und wenn ich es nicht schaffen sollte?", überlegte Fiona ängstlich und bekam einen dicken Kloß im Hals. Sie wollte doch so unbedingt eine böse Fee werden. Genau wie ihre großen Schwestern. Dann würde sie endlich tun und lassen können, was sie wollte. Und ärgern konnten Grete und Hilde sie dann auch nicht mehr. „Hach, das wäre so schön!"

Also musste Fiona üben, üben, üben. Sie nahm ihren Zauberstab in die Hand, überlegte kurz und richtete ihn auf eine Rose. Sie wollte noch einmal den Kaputt-mach-Zauber ausprobieren.

„Dieses Mal klappt es bestimmt", dachte Fiona entschlossen. Doch, oh nein, wieder lief etwas schief. Die Blume erblühte in den strahlendsten Farben und neigte ihren Kopf fröhlich in Richtung der aufgehenden Sonne.

„Menno, nicht schon wieder! Was soll ich denn nur tun?" Fiona war verzweifelt. Sie hatte nur noch wenige Tage Zeit, um die Zaubersprüche perfekt zu beherrschen, oder sie würde, schluck, eine gute Fee werden müssen!

„Das hast du aber toll gemacht", sagte da plötzlich leise eine Stimme hinter ihr. Verwirrt drehte sich Fiona um und betrachtete das blonde Mädchen, das in einem glitzernden weißen Kleid und mit zartrosa Flügelchen vor ihr stand.

„Verflixtes Feendonnerwetter, bist du etwa eine gute Fee?", sprudelte es aus Fiona heraus.

Schüchtern nickte die kleine gute Fee und starrte Fiona mit großen Augen an.

„Wow! Eine echte gute Fee. Bist du dir da auch wirklich sicher?" Neugierig flog Fiona im Kreis um sie herum und betrachtete sie von allen Seiten. „Meine Schwes-

tern sagen immer, dass ihr alle so unglaublich hässlich seid, dass man es kaum ertragen kann, euch anzuschauen. Aber du siehst irgendwie ganz nett aus. Na ja, bis auf dein grässliches Glitzerkleid. Pfui! Wie heißt du?"

„Ich … also … ich … äh … heiße Lisa", stammelte Lisa nervös.

„Lisa? Ah ja." Fiona lachte. „Das ist doch kein richtiger Feenname!"

Stolz reckte Fiona ihre kleinen Schultern nach hinten und plusterte sich auf. „Ich bin die Fiese Fiona! Du brauchst aber keine Angst vor mir zu haben. Wenn ich ehrlich bin, dann heiße ich nämlich auch nur Fiona. Ich muss erst noch meine Prüfungen ablegen, bevor ich die Fiese Fiona sein kann."

„Ich habe auch bald meine Prüfungen, und dann werde ich die Liebenswerte Lisa sein, weißt du? Na, also, falls ich bestehen sollte." Unsicher schaote Lisa mit den Füßen hin und her.

Fiona starrte Lisa ungläubig an. „Wieso solltest du die nicht bestehen? Eine gute Fee zu sein ist doch kinderleicht. Das kann ja wohl jeder. Du solltest mal versuchen, eine böse Fee zu sein. Das ist schwierig! Ich meine, was ist denn schon dabei, ein paar Blumen zum Blühen zu bringen, oder was ihr den lieben langen Tag so macht?"

„Na, also, für mich ist es nicht leicht", sagte Lisa leise, und ihre Augen füllten sich mit Tränen. „Egal, wie sehr ich mich anstrenge, es endet immer damit, dass ich aus Versehen etwas Böses zaubere."

„Wirklich?" Irgendwie kam das Fiona sehr bekannt vor. „Dann geht es dir so wie mir. Bei mir geht auch immer alles schief", gab sie kleinlaut zu.

„Was? Dir? Aber du bist doch so furchterregend. Du bist bestimmt richtig böse, oder nicht?"

„Klar bin ich das. Die Böseste von allen", prahlte Fiona. Doch dann musste sie wieder an die nahende Feenprüfung denken und ihr wurde ganz schlecht. Und so erzählte sie Lisa die Wahrheit über ihre Zauberkünste und vor ihrer Angst, ins Reich der guten Feen verbannt zu werden.

Und zu Fionas Erstaunen nickte Lisa. „Ich habe auch Angst, dass ich von zu Hause weg muss. Ich will doch unbedingt eine gute Fee sein und keine böse!"

„Hey, ich habe eine Idee. Warum helfen wir uns nicht gegenseitig? Ich zaubere für dich bei deiner Prüfung und du für mich. Das ist doch genial, oder? So wirst du

eine gute und ich eine böse Fee. Obwohl ich immer noch nicht so recht verstehe, warum du gut sein willst. Aber was soll's!"

Wenige Tage später schlich sich Fiona ins Reich der guten Feen und betrachtete angewidert die glitzernden Kleider der Feen und die vielen bunten Blumen. Igitt! Was ein Glück, dass sie hier nicht würde leben müssen! Die kleine böse Fee versteckte sich hinter einem Busch, und als Lisa an der Reihe mit ihrer Prüfung war, hob Fiona ihren Zauberstab und sprach im richtigen Moment die Sprüche. Und tatsächlich bestand Lisa ihre Feenprüfung und war von nun an die Liebenswerte Lisa.

Zufrieden lief Fiona nach Hause und wartete ungeduldig auf ihren großen Tag. „Bald ist es so weit", flüsterte sie jeden Abend aufgeregt, bevor sie einschlief.

Und obwohl Fiona keine richtige Angst mehr hatte, zu den guten Feen verbannt zu werden, war sie am Tag der Prüfung trotzdem ein klitzekleines bisschen nervös. Na gut, ehrlich gesagt war sie zitternde-Knie-Kloß-im-Hals-Knoten-im-Bauch nervös. Doch dann sah sie Lisa versteckt hinter den Bäumen und die Aufregung war wie weggeblasen.

Was sollte sie als Erstes tun? Oh ja, den Stehl-Zauber. Fiona holte tief Luft, schloss die Augen und flüsterte ihren Zauberspruch. Und, schwupps, schon hielt sie die goldene Taschenuhr des Prüfers in der Hand. Geschafft!

Fiona sah, wie ihre Schwestern, die Hinterlistige Hilde und die Grausame Grete, miteinander tuschelten, lachten und mit dem Finger auf sie zeigten.

Mit finsterem Blick fixierte Fiona Hilde. „Dann wollen wir mal sehen, wie toll du ohne deinen Zauberstab bist", murmelte sie.

Und, knack, – auf einmal hielt Hilde nur noch zwei kleine Stöckchen in der Hand. Jetzt lachte sie nicht mehr, stellte Fiona zufrieden fest.

Dafür aber die Grausame Grete, die Fiona fies grinsend anstarrte. „Und du brauchst auch nicht so blöd zu gucken!"

Kaum hatte Fiona ihren Zauberspruch ausgesprochen, stolperte Grete rückwärts über eine Baumwurzel. Sie ruderte wild mit den Armen und dann, platsch, knallte sie auf den Boden. Fluchend rieb sie sich das schmerzende Hinterteil. Doch dann wurde ihr Blick weicher und sie betrachtete Fiona voller Stolz. Ja, das war ihre kleine Schwester!

„Du hast deine Feenprüfung mit Auszeichnung bestanden", gratulierte da plötzlich der Prüfer hinter Fiona.

Was? Wirklich? War sie jetzt eine richtige, echte böse Fee? Juchu!

Fiona war überglücklich und schlich sich, sobald sie konnte, davon, um sich bei Lisa für die Hilfe zu bedanken.

„Du bist wirklich eine böse Fee", stammelte Lisa verwundert.

Fiona betrachtete Lisa, als hätte diese an zu vielen Rosen geschnuppert. „Aber natürlich, das war doch der Plan."

„Nein, du verstehst nicht", stammelte Lisa. „Ich habe gar nichts getan! Nachdem du weg warst, habe ich bemerkt, dass ich nur noch Gutes tun kann. Alle meine Zaubersprüche haben plötzlich so funktioniert, wie sie sollten."

„Quatsch, das ist unmöglich!" Fiona schüttelte den Kopf.

„Doch! Du hast die Prüfung ganz alleine bestanden. Ich hatte damit nichts zu tun", erklärte Lisa.

Aber, das würde ja bedeuten … Nein, dann hätte sie doch … War es wirklich möglich? Zweifelnd blickte Fiona Lisa an.

„Glaub mir. Gute Feen können nicht lügen!"

Ein warmes, kribbelndes Gefühl machte sich in Fionas Bauch breit und verteilte sich über ihren ganzen Körper bis in ihre Flügelspitzen.

Stürmisch umarmte Fiona Lisa. „Jippiiiieee! Dann habe ich es wirklich ganz alleine geschafft. Ich bin eine echte böse Fee. Ein Hoch auf die Fiese Fiona!"

„Und auf die Liebenswerte Lisa", fügte Lisa kichernd hinzu.

Anne Hansen

Florentine und die Sache mit dem Feenstaub

Es ist spätabends. Das Mondlicht scheint sanft auf die Bäume und Sträucher und die meisten Waldbewohner schlafen schon tief und fest. Nur die kleine Fee Florentine findet einfach keine Ruhe.

„Morgen ist mein erster Schultag", denkt sie. „Sicherlich kann ich vor lauter Aufregung die ganze Nacht nicht schlafen."

Aber schließlich fallen ihr doch die Augen zu.

Als sie sie am nächsten Morgen wieder aufschlägt, wirft sie sogleich das kleine Blatt, mit dem sie sich immer zudeckt, zur Seite und krabbelt aus ihrem Nussschalenbett. Mit einem Tautropfen, der auf einem Grashalm in der Sonne glitzert, wäscht sie sich das Gesicht und die Flügelchen.

„Jetzt muss ich mich aber beeilen, sonst komme ich gleich am ersten Tag zu spät", denkt sie und macht sich auf den Weg. Leider muss sie zu Fuß gehen, denn das Fliegen lernen kleine Feen erst in der Schule.

„Ob wir gleich heute damit anfangen?", fragt sich Florentine. „Hach, das wäre fein! Vielleicht kann ich dann auf dem Nachhauseweg schon …"

„Flori, Flori!", ruft da plötzlich jemand aufgeregt.

Florentine dreht sich um. In der Ferne sieht sie eine kleine kugelige Gestalt, die schnell näher kommt. Die Gestalt wackelt beim Laufen hin und her, und die kurzen Beinchen stampfen so schnell über den Waldboden, dass dabei jede Menge Staub aufgewirbelt wird.

„Ich kenne nur eine einzige Fee, die sich so bewegt", denkt Florentine und winkt der Gestalt zu. „Hallo, Valli!"

Valerie, Florentines beste Freundin, ist eine ziemlich rundliche und sehr fröhliche Fee mit stets geröteten Wangen. An diesem Morgen sind sie ganz besonders rot.

„Ich hab die ganze Nacht nicht geschlafen", sagt Valli, als sie ihre Freundin eingeholt hat. „Wollen wir uns in der Schule nebeneinandersetzen? Ich bin ja schon so aufgeregt! Ob wir wohl heute gleich das Fliegen lernen?"

Mit Valli an ihrer Seite vergeht die Zeit ganz schnell. Ehe sich die beiden versehen, stehen sie auch schon vor der Feenschule, einem großen Pilz auf einer schattigen Waldlichtung. Schnell suchen sie sich zwei freie Plätze an den kleinen Borkentischen. Ihre Schulkameradinnen sind alle schon da und wackeln vor Aufregung und Ungeduld mit den Flügelchen.

Und endlich erscheint auch die Lehrerin.

„Guten Morgen, liebe Feen", sagt sie. „Ich bin Fräulein Liane und ich begrüße euch herzlich zu eurem ersten Schultag. Heute gebe ich euch zunächst eine Einführung in das Fach Fliegen und danach steht das Fach Wünschelesen auf dem Programm!"

Fräulein Liane schwebt von einer Fee zur nächsten und legt jeder einen kleinen duftenden Samtbeutel auf den Tisch.

„Weiß jemand von euch, was das ist?", fragt sie die Klasse.

Eine kleine rot gelockte Fee mit vielen Sommersprossen meldet sich: „In dem Beutel ist Feenstaub. Er wird von Fluganfängerinnen zum Fliegen benutzt. Später kann eine Fee aber auch ohne Feenstaub fliegen."

„Sehr gut, Emilia", lobt Fräulein Liane.

Florentine traut sich kaum, ihren Feenstaub-Beutel anzufassen. „Unglaublich", flüstert sie Valli zu. „Und damit können wir tatsächlich fliegen?"

Fräulein Liane erklärt, wie sie den Staub benutzen sollen: „Jede von euch streut ein paar Körnchen Feenstaub auf den Kopf ihrer Sitznachbarin. Aber gebt acht, dass ihr nicht zu viel nehmt – das kann schlimme Folgen haben!"

„Du fängst an", sagt Florentine zu Valli. Sie kann es kaum glauben, dass sie in ein paar Augenblicken zum ersten Mal fliegen wird!

„Erwartet von diesem ersten Fliegen nicht zu viel", sagt Fräulein Liane, als hätte sie Florentines Gedanken erraten. „Von den paar Krümelchen, die wir heute benutzen, werdet ihr nur für einen kurzen Moment ein winziges bisschen über dem Boden schweben."

Florentine schließt die Augen und wartet gespannt, dass Valli den Staub auf ihren Kopf streut. Da spürt sie auch schon ein Kribbeln am Haaransatz und sogleich löst sich wie von Zauberhand ihr Po vom Stuhl.

„Valli", ruft sie aufgeregt, „guck mal, ich fliege!"

Plötzlich stößt Florentine unsanft mit den Knien gegen ihr Pult.

„Au", sagt sie, und im nächsten Moment plumpst sie auf ihren Stuhl zurück.

„Das war sehr gut für den Anfang", sagt Fräulein Liane. „Und jetzt wird gewechselt!"

Mit zitternden Fingern greift Florentine nach ihrem Beutel. „Ob man bei dickeren Feen wohl etwas mehr Feenstaub benutzen sollte?", fragt sie sich und beginnt, ein paar Körnchen

aus dem Beutel auf Valli zu streuen. Und da passiert es: Der Beutel rutscht Florentine aus den Händen, die vor Aufregung ganz nass sind und zittern, und der gesamte Inhalt entlädt sich in einer riesigen Staubwolke auf Vallis Kopf.

„Oh nein!", schreit Florentine entsetzt – aber es ist zu spät: Wie ein Pfeil schießt Valli in die Höhe, stößt dabei ihren Stuhl um, der krachend zu Boden fällt, schießt weiter und wird erst vom Kopf des Pilzes aufgehalten. Dort schlägt sie mit einem lauten Bums an und dreht schließlich wie eine wild gewordene Hummel rasend schnell ihre Kreise unter dem Pilzdach. Dabei verursacht sie ein wahrhaft ohrenbetäubendes Brummen.

„Oh nein", jammert Florentine, „was habe ich nur getan! Es tut mir so leid!"

„Was ist denn hier los?", ruft Fräulein Liane, und ihre Stimme überschlägt sich beinahe. „Komm sofort da runter, Valerie!"

„Ich kann nicht!", quietscht Valli von oben.

„Sie kann wirklich nicht", bestätigt Florentine. „Ich habe nämlich aus Versehen meinen ganzen Beutel auf ihr ausgeleert!"

Fräulein Lianes Augen weiten sich vor Schreck. „Den ganzer Beutel? Ach du liebe Güte! Das bedeutet, dass sie noch ewig lange dort oben herumbrummen wird."

„Das hab ich nicht gewollt", sagt Florentine. Sie hat ein furchtbar schlechtes Gewissen. Als sie jedoch zu ihrer Freundin hinaufblickt, zwinkert diese ihr kichernd zu. Es sieht so aus, als würde Valli sich dort oben königlich amüsieren. Und plötzlich muss auch Florentine kichern.

„Da gibt es überhaupt nichts zu lachen …", sagt Fräulein Liane. Ihre Worte gehen allerdings ein wenig in Vallis lautem Brummen unter.

„Valerie", ruft Fräulein Liane. „Könntest du bitte versuchen, ein bisschen leiser zu sein? Man versteht hier unten sein eigenes Wort nicht mehr!"

„Wird gemacht", ertönt es von oben.

Augenblicklich wird es wesentlich ruhiger.

Valli zieht zwar weiterhin ohne Pause ihre rasanten Kreise, aber das laute Brummen hat sich in ein leises Knattern verwandelt.

„Sehr schön, Valerie", sagt Fräulein Liane. Sie sieht ziemlich mitgenommen aus. „Du wirst dort oben jetzt noch eine Weile herumschwirren müssen, bis die Kraft des Feenstaubs nachlässt. Meinst du, du hältst das aus?"

„Kein Problem!", ruft Valli und legt sich mit Schwung in die nächste Kurve.

„So", sagt Fräulein Liane, „und wir versuchen hier unten, weiter Unterricht zu machen. Als Nächstes werden wir üben, wie man Wünsche liest. Weiß jemand, warum dieses Fach auf dem Stundenplan einer Fee steht?"

Eine Fee mit langen, dunklen Zöpfen meldet sich: „Weil es die Aufgabe von Feen ist, Wünsche zu erfüllen. Richtig gute Feen können bis zu drei Wünsche direkt nacheinander erfüllen!"

„Sehr richtig, Ronja", sagt Fräulein Liane. „Das Wünsche-Erfüllen lernt ihr allerdings erst in ein paar Jahren, das ist etwas für Fortgeschrittene. In eurem ersten Schuljahr werdet ihr erst einmal üben, Wünsche zu lesen."

„Was bedeutet das eigentlich, Wünsche lesen?", fragt Florentine neugierig.

„Das heißt, dass du den Wunsch eines anderen erkennst, auch ohne dass er mit dir spricht", erklärt Fräulein Liane. „Komm einmal nach vorne, Florentine."

Mit pochendem Herzen tritt Florentine vor die Klasse.

„Beginnen wir mit dem Kleinen dort", sagt Fräulein Liane und deutet nach draußen auf die Wiese, wo gerade ein Marienkäferkind herumkrabbelt. „Florentine, was wünscht sich zum Beispiel dieser Käfer gerade?"

„Puh …", sagt Florentine, „ich weiß nicht recht …"

„Konzentriere dich", sagt Fräulein Liane.

Florentine starrt den Marienkäfer an. Was könnte er sich bloß wünschen? Ein paar mehr Punkte auf seinen Flügeln vielleicht? Nein, das ist es nicht …

In diesem Moment schaut der Marienkäfer Florentine direkt ins Gesicht. Und plötzlich weiß sie es ganz genau.

„Er will, dass seine Mama kommt und ihn nach Hause bringt!", ruft sie aufgeregt.

Fräulein Liane ist begeistert. „Das stimmt, sehr gut Florentine! Wirklich großartig!"

Florentine ist mächtig stolz.

„Wenn ich ihm jetzt auch noch seinen Wunsch erfüllen könnte …", denkt sie.

In diesem Moment weht ein starker Luftzug durch das Klassenzimmer. Den kleinen Feen fliegen die Haare aus dem Gesicht, und Valli muss sich oben am Schuldach festhalten, um nicht weggepustet zu werden. Eine große, dicke Marienkäfermama befindet sich im Anflug auf die Wiese.

Mit einem Rums landet sie neben ihrem kleinen Käferchen, stupst es liebevoll mit dem Fühler an, als wolle sie sagen: „Hab ich dich endlich gefunden!", und krabbelt mit ihm davon.

Fräulein Liane und die kleinen Feen schauen Florentine ungläubig an. Es ist mucksmäuschenstill. Das einzige Geräusch, das zu hören ist, ist das Knattern von Vallis Flügeln. „Wie hast du …", beginnt Fräulein Liane. „Wie kannst du schon …"

„Och", sagt Florentine, „so schwer war das eigentlich gar nicht."

Den anderen Feen fallen fast die Augen aus dem Kopf.

Da prustet Florentine laut los: „Das war doch nicht ich! Es war bloß Zufall, dass seine Mama gerade jetzt gekommen ist. Ich hatte damit gar nichts zu tun!"

Einen Moment lang ist es noch still, dann bricht die ganze Klasse in schallendes Gelächter aus. Sie hatten wirklich gedacht, Florentine könne schon an ihrem ersten Schultag Wünsche erfüllen!

Auch Fräulein Liane lacht. „Du bist wirklich eine gewitzte Fee, Florentine", sagt sie anerkennend.

In diesem Moment wird das Knattern an der Zimmerdecke etwas unregelmäßiger, dann hört es ganz auf. Mit einem Plumps landet Valli auf dem weichen Waldboden.

„So, Valerie, bist du auch wieder unter uns", sagt Fräulein Liane.

„Das hast du super gemacht", flüstert Valli ihrer Freundin zu.

„Du aber auch", flüstert Florentine kichernd zurück.

Fräulein Liane klatscht in die Hände. „Liebe Feen, ich werde euch nun zeigen, wie man einen Wunsch liest und danach erfüllt. Valerie, komm bitte einmal nach vorne."

Folgsam stellt sich Valli vor Fräulein Liane auf und diese blickt ihr fest in die Augen.

„Du hast Hunger ...", sagt Fräulein Liane. „Du wünschst dir einen schönen heißen Feetee und ein großes Schälchen Beerenkompott."

„Das ist richtig", strahlt Valli.

„Wenn das so ist", sagt Fräulein Liane, „dann machen wir wohl besser Schluss für heute. Jetzt gibt es Feetee und Kompott für alle!"

Als Florentine am Abend in ihrem Nussschalenbettchen unter ihrer Blattdecke liegt, findet sie wieder keine Ruhe. Was für ein aufregender Tag das war! Und morgen wird es sicher genauso weitergehen. Und übermorgen auch und den Tag darauf und …

Und dann fallen Florentine doch die Augen zu.

Feenschule

Feen, das weiß jeder, können Wünsche erfüllen. Aber es ist wichtig, dass sie nur die guten und schönen Wünsche erfüllen. Deshalb müssen alle jungen Feen zur Feenschule gehen.

„Wenn eine Prinzessin ihrer Banknachbarin die Windpocken wünscht", sagte Herr O'Feenrich, „ist das ein schlechter Wunsch. Den erfüllen wir nicht."

„Doch!", rief die Fee Izzy. „Wenn nämlich die Banknachbarin gerne die Windpocken hätte, weil sie dann nicht zur Schule muss!"

„Ruhe!", sagte Herr O'Feenrich. „Wenn ein kleines Mädcher sich ein weißes Pferd mit glitzernder Mähne wünscht, ist das wichtig oder unwichtig?"

„Wichtig!", rief Izzy.

„Falsch", sagte Herr O'Feenrich. „Nicht lebenswichtig. Lebenswichtig sind … Vitamine. Wenn ein kleines Mädchen sich einen Teller Spinat mit Obstsalat und Karottenpampe wünscht, dann erfüllen wir diesen Wunsch."

Schließlich musste jede Fee im Schlossgarten vier Wünsche erfüllen. Das war die erste Feenprüfung. Herr O'Feenrich ging währenddessen unsichtbar im Garten spazieren.

„Diese Izzy macht mir Sorgen", murmelte er vor sich hin.

Der Erste, den Izzy traf, war der alte Dachs. Da er seine Brille vergessen hatte, stieß er mit der Fee zusammen.

„Do legst di nieder!", rief der alte Dachs, denn er hatte bayrische Vorfahren.

„Aaaha", murmelte Izzy und erfüllte den ersten Wunsch: Der Dachs lag plötzlich auf dem Rücken.

„Jessas!", sagte der Dachs. „Wos ies jetza des?"

Und vor Schreck grub er ein Loch in den schönen Kiesweg und schlüpfte hinein.

„O nein", stöhnte Herr O'Feenrich. „In Wirklichkeit wünschte er sich eine Brille!"

„Uaaa", gähnte der König, der auf einem Stuhl im Garten saß und müde war vom Regieren. „Ich könnte einen See voll starkem Kaffee austrinken!"

„Aaha", murmelte Izzy und erfüllte den zweiten Wunsch: Das Wasser des Seerosenteichs verwandelte sich in Kaffee.

Herr O'Feenrich seufzte. „Ein Tässchen wäre genug gewesen!", sagte er.

Von dem Kaffee wurden die Goldfische so aufgekratzt, dass sie aus dem See hopsten, den drei dicken königlichen Katzen vor die Nase. Die aßen die Fische auf.

Weil es aber so viele waren, bekamen sie Bauchweh und maunzten herzzerreißend – und Prinzessin Lucy kam aus dem Schloss gelaufen. Lucy war schon groß.

„Oje, da übt mal wieder eine junge Fee", sagte sie. Dann gab sie den Katzen Baldriantropfen und verdünnte den See mit Wasser aus dem Gartenschlauch.

Schließlich ließ sie sich erhitzt in einen Stuhl fallen. „Jetzt etwas Eis!", sagte sie träumerisch.

„Aaha", murmelte Izzy und erfüllte den dritten Wunsch: Es wurde klirrend kalt, und der Teich gefror zu Eis. Prinzessin Lucy, die ein dünnes Sommerkleid trug, lief schnell ins Schloss. Doch als sie dort ankam, hatte sie sich schon eine dicke Erkältung eingefangen.

Herr O'Feenrich schlug die Hände vors Gesicht. „So wird das nie etwas!", stöhnte er.

Izzy folgte der Prinzessin besorgt ins Schloss. Dort saß Lucy kurze Zeit später in einem dicken Pullover, nieste, fieberte und hatte Halsweh.

Gegen vier kam Prinzessin Lotta aus der Schule. Sie hatte sich am Morgen mit Lucy gestritten und war immer noch sauer, obwohl sie vergessen hatte, wieso.

„Ich wünschte, Lucy fielen auf der Stelle die Ohren ab", flüsterte sie.

Das hörte Izzy. Sie sagte: „Aaha" ... aber da nieste Lucy. Lotta sagte automatisch im Vorbeigehen: „Gesundheit!"

Und Izzy erfüllte den vierten und letzten Wunsch: Prinzessin Lucy spürte, wie das Niesen aus ihrer Nase wich und das Halsweh aus ihrem Hals. Ihr Fieber verschwand, und sie fühlte sich wieder rundum wohl.

„Na so was!", rief Herr O'Feenrich.

Und so bestand Izzy die erste Feenprüfung – gerade noch.

Lila läuft weg

Es raschelt leise, als Lila durch den Blütenvorhang in die Wohnung der Feen in der hohlen Eiche auf der Blaubeerlichtung klettert. Trotzig zieht die Fee die Augenbrauen zusammen und tritt gegen den Bettpfosten. „Die sollen mal sehen, was sie davon haben. Jetzt gehe ich so richtig weg!"

Lila überlegt kurz, dann nimmt sie ihre liebsten Schätze aus dem Regal: den lilafarbenen Glücksstein, ihre Lieblingskette und die Glitzerkugel. Nachdem sie alles auf ihr neues Tuch mit dem schönen Muster gelegt hat, knotet sie energisch alle vier Ecken fest zusammen. Lila klemmt sich das unförmige Paket unter ihren linken Arm und geht durch den Vorhang wieder hinaus auf die Lichtung.

„Die sollen mal wissen, wie das ist, so ganz ohne mich!", sagt Lila, als sie den schmalen Pfad entlang der Blaubeerlichtung zum Wald schwebt.

„Ich suche mir eine neue Lichtung mit anderen Feen, die alle meine Freundinnen sein wollen!"

Noch bevor sie die ersten Bäume erreicht hat, landet Lila. Sie läuft in den Wald. Die Vögel auf den Ästen zwitschern, zwischen den Blättern bahnt sich die Sonne ihren Weg und tanzt Muster auf den weichen Waldboden.

Lila hat ein blödes Gefühl im Bauch. Sie will, dass es weggeht und versucht es aus sich rauszuhopsen. Fest stößt sie sich vom Boden ab und hält dabei das Päckchen mit ihren Schätzen sicher im Arm. In kleinen Hopsern springt die Fee den Weg entlang. Immer höher. Ihre Flügel wippen im Takt dazu und glitzern in der Sonne. Sie pfeift und fühlt sich schon viel leichter.

Lila hat sich heute gestritten. Mit Nea und Bella. Die beiden haben bei den großen Pilzen am Waldrand gespielt, und sie wollten Lila nicht dabeihaben.

„Du nicht. Geh weg. Wir wollen heute alleine spielen!", haben sie gerufen.

Als Lila daran denkt, werden ihre Hopser immer kleiner und auch das Pfeifen will nicht mehr recht gelingen.

„Füüüt!", ganz traurig, schief und leise ist es nur noch. Und das blöde Gefühl in ihrem Bauch wird sofort stärker. Es zieht Lila nach unten und macht sie ganz schwer. So gern hätte sie bei Bella und Nea mitgespielt.

„Jetzt suche ich mir ein neues Zuhause und neue Freundinnen!", sagt Lila.

Weiter läuft sie, immer weiter. So tief in den Wald ist sie noch nie gegangen. Ziemlich dunkel wird es hier. Und kalt. Lila geht schneller.

„Wenn ihr mich nicht wollt, dann brauche ich euch auch nicht", sagt sie und stellt sich dabei Nea und Bella vor. Aber sie sagt es auch ein bisschen zu sich selbst. Lila kann nämlich nicht so richtig glauben, was sie da sagt.

Ganz komisch klingt ihre Stimme im leeren Wald. Klein und verloren. Überhaupt ganz leise ist es geworden, bemerkt Lila jetzt. Wo sind all die Vögel? Sie singen gar nicht mehr, und Lila fühlt sich alleine.

„Die anderen haben bestimmt schon gemerkt, dass ich weg bin, und sind deshalb ganz traurig. Aber ICH bin nicht traurig!", versucht sie sich selbst Mut zu machen und läuft gleich ein bisschen schneller.

Die Luft riecht nach nasser Erde. Bald schafft es kaum noch ein einziger Sonnenstrahl auf den Waldboden zu kriechen. Eine neue Lichtung ist nirgends zu entdecken.

Über Moosbetten und trockene Blätter stapft die Fee weiter, das Päckchen mit ihren liebsten Sachen immer eng an sich gedrückt. Da, plötzlich, RUMMS!, liegt Lila auf dem Bauch. Sie ist über eine dicke Baumwurzel gestolpert.

„Aua!" Lila setzt sich hin, reibt ihr schmerzendes Knie und guckt sich um. Kalter, dunkler Wald, stachelige Bäume, Äste, die sich bewegen und knirschen. Überall sind Schatten, und es knackt so komisch. Sind das etwa Gnome?

Von denen hat Lila schon viel gehört, aber sie hat noch nie einen gesehen. Hässlich, frech und gemein sollen sie sein. Die Feen müssen ihnen aus dem Weg gehen, das weiß Lila. Denn wenn ein Gnom eine Fee berührt, verlieren ihre Flügel den goldenen Schimmer. Sie kann dann nicht mehr fliegen und auch keinen klingelnden Feengesang mehr erzeugen. Das hat Gilla ihr erzählt. Nein, bloß keine Gnome hinter den Bäumen!, hofft Lila.

An den Knien fängt es zaghaft an, an den Schultern geht es weiter: Lila zittert. Ihr ist kalt, und sie hat Angst. Alles ist so fremd. „Ich will nach Hause", schluchzt sie.

Tränen rollen über ihr Gesicht und sie zieht die Nase hoch. Vergessen ist, dass sie eigentlich weglaufen wollte. Sie will nur noch nach Hause. Lila klammert sich an ihr kleines Stoffpaket und wischt ihre Nase daran ab.

Wie kommt sie jetzt nur zurück zur Blaubeerlichtung? Lila kennt sich nicht mehr aus, überall sind nur Bäume!

„Warum sucht mich denn keiner?", fragt sie in den leeren Wald hinein, doch niemand antwortet.

Welchen Weg ist sie gekommen? Lila weiß es nicht mehr. „Ich werde von den Gnomen gefangen und elendig verschmoren!" Lila weint.

Da, plötzlich ist ein feines Klingeln zu hören. Sehr leise, aber eine Fee wie Lila hat ganz besonders gute Ohren. Sie hört Feenflügel, die gegeneinandergerieben werden, Feengesang!

Plötzlich ist Lila hellwach und hört auf zu weinen. Vergessen hat sie, dass sie eigentlich wütend ist auf Bella, Nea und die anderen.

„Sie suchen mich!" Lila steht auf. Jetzt wird sie gerettet aus dem dunklen Wald und vor den Gnomen! „Hier bin ich!" Lila ruft, so laut sie kann. „Hiiier!" Sie reibt ihre Flügel aneinander, bis auch diese leise singen.

Zwischen den Bäumen sieht sie nun einen hellen Lichtschein, und der Feengesang wird immer lauter.

„Da bist du ja! Ich habe sie gefunden!" Nea rennt auf Lila zu, hinter ihr läuft Bella und da sind auch die anderen. Einen Moment später ist Lila umringt von dreizehn

Feen. Alle wollen sie berühren, um sicher zu sein, dass es wirklich Lila ist und es ihr gut geht. Lila weint und lacht gleichzeitig, so glücklich ist sie gerade.

„Es tut uns leid, dass wir dich nicht mitspielen lassen wollten!", sagt Bella und schaut verschämt auf den Boden.

„Willst du wieder unsere Freundin sein?" Nea fragt das und Bella nickt heftig mit dem Kopf. „Bitte Lila, komm mit uns nach Hause. Wir sind auch nie mehr gemein zu dir. Versprochen!"

Lila lacht, sie streckt ihre Arme aus und ruft: „Ja, ich komme nach Hause. Und ich will auch wieder eure Freundin sein."

Der ganze Wald ist jetzt erfüllt von einem sanften Leuchten und vom Singen der Feenflügel. Die Dunkelheit löst sich auf, keine gruseligen Schatten mehr und auch keine knackenden Geräusche. Bald gelangen die Feen zurück an den Waldrand. Erschöpft fliegt eine Fee nach der anderen in die hohle Eiche. Der Blütenvorhang raschelt leise mit jeder Fee, die hindurchgeht.

Wenig später liegt Lila in ihre Decke gekuschelt im Bett. „Auf der Blaubeerlichtung ist es doch am allerschönsten!", sagt sie, und schon fallen ihr die Augen zu.

Petra Steckelmann

Charlotte im Reich der Feen

Die letzten wärmenden Sonnenstrahlen des Sommers zogen die Menschen noch einmal aus ihren Häusern heraus. Auch Charlottes Eltern wollten den schönen Tag mit einem Picknick auskosten.

Sie packten eine Decke und einen riesigen Korb mit Leckereien in ihr Auto und fuhren an einen kleinen See. Charlottes Vater hatte den See erst vor ein paar Wochen entdeckt. Seitdem war die Familie schon öfter hierhergekommen. Niemand sonst schien diesen See zu kennen, sie waren immer die einzigen Picknicker weit und breit.

„Herrlich, diese wunderbare Stille!", freute sich Charlottes Mutter, breitete die Picknickdecke auf dem Gras aus und verteilte die geschmierten Brötchen.

Lustlos biss Charlotte in ihr Käsebrötchen. „Mir ist langweilig!", nuschelte sie mit vollem Mund.

„Erst runterschlucken, dann reden!", ermahnte sie ihr Vater.

Charlotte verdrehte die Augen. Sie legte das Brötchen zur Seite und sprang auf. „Mir ist langweilig!", wiederholte sie und öffnete ihren Mund ganz weit, damit ihr Vater sah, dass ihr Mund auch wirklich leer war. „Hier sind überhaupt keine Kinder, mit denen ich spielen kann", fügte sie dann hinzu.

„Spring doch mit deinem Seil oder lass dein neues Boot auf dem See schwimmen!", schlug ihr Vater vor und kramte im Picknickkorb.

„Mein neues Boot?", wunderte sich Charlotte.

Ihr Vater übergab ihr feierlich die handgeschnitzte Jolle. „Was ich verspreche, halte ich auch! Tatarata!"

Charlottes Augen leuchteten vor Freude. Sie umarmte ihren Vater stürmisch und jubelte: „Toll, du hast es fertig geschnitzt! Danke schön!" Dann rannte sie sofort mit dem Boot unter dem Arm los. Am Ufer angekommen, setzte sie die Jolle vorsichtig auf die glatte Wasseroberfläche.

Vorne am Boot war eine Schnur festgebunden. Wie bei einem Drachen hielt sie die dazugehörige Spule fest in der Hand und ließ das Boot treiben. Doch als das Boot in der Mitte des Sees angekommen war, kenterte es. Verdutzt blickte Charlotte auf die glatte Wasseroberfläche. „Papa, das Boot ist umgekippt. Einfach so", rief sie lautstark und blickte sich Hilfe suchend zu ihrem Vater um.

„Dann ziehst du es aus dem Wasser und versuchst es noch einmal", antwortete er wenig einfallsreich.

Doch als Charlotte gerade dabei war, das Band aufzuwickeln, zwickte sie etwas in die Hand. Erschrocken ließ sie die Spule fallen und schaute auf ihren kleinen Finger, aus dem drei Tropfen Blut quollen. Sie steckte den Finger in den Mund und blickte sich verwirrt um. Da sah sie über sich plötzlich ein seltsames kleines Wesen umherfliegen.

Und noch ehe sie begriff, was es war, hörte sie auch schon ein dünnes, aber erbostes Stimmlein.

„Dein Boot fährt auf meinem See! Und du hast ganz sicher keine Genehmigung, oder?"

Mit zugekniffenen Augen musterte Charlotte das Wesen, das nun genau vor ihrer Nasenspitze herumflatterte. Seit wann können Motten sprechen, dachte Charlot-

te und fuchtelte mit der Hand in der Luft herum. Doch das Wesen ließ sich nicht verscheuchen.

„Wenn du keine Genehmigung hast, muss ich dein Boot versenken!"

„Wer bist du überhaupt?", fragte Charlotte und stemmte die Hände in die Hüften.

„Wer ich bin? Du wagst es, mich zu fragen, wer ich bin? Unglaub ich! Ich bin die Wächterin des Sees! Ich bin die Fee Mare! Jeder kennt mich hier."

„Eine Fee?", wunderte sich Charlotte. „Ich dachte, Feen sind fröhlich und singen den ganzen Tag."

„Singen? Ich singe doch nicht, wenn ich arbeite! Was hast du denn für seltsame Vorstellungen?"

„Ist ja auch egal", winkte Charlotte ab und schaute zu ihrem Boot, das noch immer gekentert auf dem See trieb. Sie lief zum Schilf und entwirrte die Spule, die sich dort verfangen hatte.

Aber Mare ließ nicht locker. „Nimm dein Boot und such dir einen anderen See!"

„Ich störe doch niemanden, oder?", fragte Charlotte nach.

„Oh, und ob! Natürlich störst du die anderen Feen. Sie verstecken sich, wenn Menschen kommen. Sie waren gerade dabei, die wilden Beeren zu ernten und sie für den kommenden Winter einzulagern. Schon den ganzen Morgen sind sie von der Nordseite des Sees zur Südseite hin- und hergeflogen. Ach, sie waren so fleißig, bis du kamst! Die meisten Menschen, die eine Fee sehen, wollen sie fangen und mit nach Hause nehmen. Deshalb haben die anderen Feen jetzt ihre Arbeit unterbrochen und sich versteckt. Du hast doch auch versucht, mich zu fangen!"

Aufmerksam hatte Charlotte den Worten der Fee gelauscht. Doch ihr vorwurfsvoller Ton gefiel Charlotte nicht. „Ich wollte dich nicht fangen, nur verscheuchen", versuchte sie zu erklären.

„Das ist ja noch schlimmer!", empörte sich Mare. „Geh jetzt endlich, damit die Feen wieder ausschwirren können. Die Zeit ist knapp. Wenn sie heute nicht fertig werden, fallen die Beeren morgen womöglich zu Boden und werden faul. Und der Winter kann lang werden, da kommt es auf jede Beere an! Verschwinde, sonst versenke ich die Jolle." Um die Ernsthaftigkeit ihrer Worte zu unterstreichen, flog die Fee zur Mitte des Sees hinüber und zerrte am Boot.

Charlottes Augen wurden immer größer. Sie glaubte zwar nicht, dass es diesem kleinen Wesen möglich sein würde, das Boot zu versenken, aber erstaunlich fand sie den Auftritt der Fee schon. Sie überlegte einen Augenblick, was sie tun sollte. Und während sie das Boot ans Ufer zog, kam ihr eine Idee.

„Ich kann euch helfen!", rief Charlotte der Fee zu.

Blitzschnell sauste die Fee durch die Luft und landete auf Charlottes Schulter. „Ach, und wie? Willst du die Beeren selber pflücken? Nein, nein, das kannst du bestimmt sowieso nicht, du zerdrückst die Beeren nur mit deinen riesigen Händen."

Charlotte musste grinsen, riesig waren ihre Hände nun wirklich nicht. „Ihr dürft mein Boot benutzen", schlug sie vor. „Ihr könnt die Beeren auf der anderen Seite

aufladen und ich ziehe das Boot dann hierher. So könnten wir die Beeren viel schneller ernten." Charlotte hoffte sehr, dass Mare auf dieses Angebot eingehen würde. Nicht nur, damit sie weiter mit ihrem Boot spielen konnte. Sie war auch mächtig neugierig auf die anderen Feen.

Mare überlegte kurz, dann sagte sie: „Ich muss mich mit den anderen Feen beraten, so eine wichtige Entscheidung kann ich nicht alleine treffen."

„Ich warte hier", versprach Charlotte und blickte der Fee hinterher, wie sie in einem der umliegenden Büsche verschwand. Gebannt lauschte Charlotte. Aber sie hörte nichts weiter als die Stimmen ihrer Eltern aus der Ferne.

Nach einer Weile wurde Charlotte nervös. Ihr Boot hatte sie längst wieder in der Hand und ihr wurde schon wieder langweilig. Dann endlich sah sie Mare aus dem Busch hervorkommen. Mit schnellen Schritten ging Charlotte ihr entgegen.

„Und?", fragte sie ungeduldig.

„Schwöre bei der Wächterin der Seen, dass du keine der Feen fangen und einsperren wirst! Und schwöre auch, dass du niemandem von unserem Aufenthaltsort erzählst!", forderte die Fee.

„Ich schwöre!"

„Dann ist ja alles klar!", sagte Mare erfreut und zeigte ein erstes, zartes Lächeln. Charlotte meinte sogar, ein leichtes Zittern ihrer Flügel zu erkennen.

Glücklich lächelte sie zurück. „Ich werde mit niemandem über euch sprechen", versprach sie.

Mare nickte und sauste zurück zum Busch. In den nächsten Minuten sah Charlotte eine Fee nach der anderen durch die Luft schwirren. Ihre dünnen Flügelchen schimmerten rosa in der Sonne und die Glöckchen an ihren Hüten klingelten bei jedem Flügelschlag. Zu gerne hätte Charlotte eine von ihnen näher betrachtet, doch sie flogen zu schnell. „Warum sind deine Flügel nicht rosa? Und warum trägst du keinen Hut?", fragte Charlotte Mare.

„Wäre ich auch so auffällig wie die anderen, dann hätten mich die Menschen schon längst entdeckt. Ich fliege immerhin den ganzen Tag über dem Wasser hin und her und pass auf, dass niemand von uns entdeckt wird."

Charlotte nickte.

„So, und nun lass bitte dein Boot zu Wasser, damit ich an das andere Ufer segeln kann", bat Mare.

Charlotte konnte ihr deutlich ansehen, wie sehr sie sich auf die Bootsfahrt freute. Und als Mare dann ins Boot krabbelte, summte sie sogar ein fröhliches Lied.

Charlotte setzte sich ans Ufer und schaute der Fee hinterher. Da kaum Wind über dem See blies, pustete Mare mit ganzer Kraft in das Segel. Schnell spannte sich das Segel und das Boot trieb schnurstracks auf das andere Ufer zu.

Charlotte legte die Spule unter einen großen Stein am Ufer und rannte rasch zu ihren Eltern, um sie um ein Stück Kuchen zu bitten. Auf die Frage ihrer Mutter, ob sie sich noch immer langweilte, antwortete sie nur mit einem heftigen Kopfschütteln und lief zurück zum Ufer.

Mare flog bereits am Ufer entlang. „Die anderen Feen haben das Boot beladen. Los geht's!", forderte sie Charlotte auf.

„Hier, magst du Kuchen?", fragte Charlotte die Fee aber nur seelenruhig und reichte ihr ein winzig kleines Stückchen. „Ich dachte, du könntest ein wenig Stärkung gebrauchen. Ich habe gehört, dass Segeln hungrig macht."

Freudig griff Mare zu und biss herzhaft in die Kuchenkrümel.

Charlotte musste lachen, als sie das laute Schmatzen der Fee neben sich hörte.
Dann machte sie sich an die Arbeit und zog das Boot zu sich ans Ufer.

Drei Feen saßen auf der Reling und ließen sich den Fahrtwind durch die Flügel
pusten. Als das Boot angelegt hatte, luden sie eifrig die gesammelten Beeren ab
und brachten sie in ihr Lager. Wo das war, verrieten sie Charlotte jedoch nicht.

Fünf Ladungen brachten sie auf diese Art von einem Ufer zum anderen. Zum
Dank für Charlottes Hilfe sangen die Feen ihr ein fröhliches Lied. Und die bezau-
bernden Stimmen der Feen wurden vom Läuten ihrer Glöckchen begleitet.

„Vielleicht treffen wir uns ja im nächsten Sommer wieder", sagte Mare zum Abschied und setzte sich auf Charlottes Schulter. „Wir würden uns sehr über deine
Hilfe freuen."

„Ja, gerne", antwortete Charlotte und stupste der Fee sachte mit dem Finger gegen
die Nase. Dann hörte sie auch schon die Stimme ihrer Mutter, die zum Aufbruch
rief.

„Auf Wiedersehen, bis zum nächsten Jahr", sagte Mare und flog davon.

Das Lied der Feen klang noch den ganzen Tag in Charlottes Ohren. Und als sie
sich abends auszog, fand sie ein kleines Glöckchen in ihrer Hosentasche.

Pfiffibella

Tief im Zauberwald lebt Pfiffibella, ein kleines freches Feenmädchen, das ganz anders aussieht als alle anderen jungen
Feen.

Pfiffibella hält nichts von hübschen Kleidern in wunderbar glänzenden Stoffen.
Sie kann seidene Strümpfe, glitzernde Pantoffeln aus Samt und kleine Goldkrönchen nicht ausstehen. Langes, gelocktes Haar findet Pfiffibella schrecklich.

Sie selbst trägt am allerliebsten Jeans, weil die viel bequemer sind als die Klei-
der. Gras- und Schlammflecken stören darauf nicht. Ihr Haar ist so kurz wie die
Stacheln eines Igels. Es steht widerspenstig und borstig von ihrem Kopf ab. Ein
Goldkrönchen wäre darin völlig fehl am Platz.

Deshalb trägt Pfiffibella eine Basketballmütze. Die verrutscht nicht, wenn Pfiffibella mal etwas schneller unterwegs ist. Seidenstrümpfe sind völlig sinnlos, denn
die würden ständig kaputtgehen, und wie, bitte schön, soll man mit Samtpantoffeln ordentlich Tannenzapfen kicken? Da taugen Turnschuhe viel mehr.

Wie alle Feenkinder geht Pfiffibella jeden Morgen in die Feenschule. Dort lernt
sie die Namen aller Pflanzen und Tiere des Waldes kennen. Sie studiert die ver-
schiedenen Tiersprachen, lernt auf großen Huflattichblättern fliegen, und was
besonders wichtig ist: Sie lernt zaubern.

Pfiffibella hat wie alle anderen Feenkinder einen Zauberstab. Den bekommt ein
Feenkind gleich bei seiner Geburt geschenkt. Die meisten Zauberstäbe sind rosarot, hellgelb oder mintfarben. Aber Pfiffibellas Zauberstab ist rot-weiß-grün
gestreift. Er sieht aus wie eine köstliche Zuckerstange.

Leider ist das Zaubern eine sehr komplizierte Sache. Um Gegenstände schweben zu lassen, Wünsche zu erfüllen oder kranke Tiere zu heilen, braucht man
Feenflitter. Das ist feiner, glitzernder Feenstaub, der direkt aus dem Zauberstab
herausrieselt. Leider tut er das nicht von allein. Es ist äußerst schwierig, den Feenflitter aus dem Stab zu bekommen. Manche Feen lernen es nie.

Pfiffibella hat es bis jetzt noch nicht geschafft. Die anderen Feenmädchen haben auch eine Erklärung dafür: „Es liegt an deiner Kleidung. Keine ordentliche Fee trägt Jeans!"

„Aber die sind so bequem", sagt Pfiffibella.

Die anderen schütteln mitleidig die Köpfe. „So wird das nie etwas!"

„Vielleicht haben sie ja recht", denkt Pfiffibella. Am nächsten Tag zieht sie ein hellrosa Rüschenkleid an. Darin fühlt sie sich furchtbar unwohl, aber heute muss Pfiffibella in der Schule vor allen anderen zaubern. Das will sie auf keinen Fall vermasseln.

Pfiffibella soll ein Stück Eichenrinde in rosarote Seide verwandeln.

Etwas nervös tritt sie vor die Klasse. Sie hofft, dass das Rüschenkleid ihr beim Zaubern hilft.

„Eichenrinde, weiße Kreide wird zu rosaroter Seide!" Plötzlich beginnt Pfiffibellas Zauberstab zu zucken. Er wackelt auf und ab, tanzt in ihrer Hand, macht ein hustendes Geräusch und spuckt tiefschwarzen Ruß aus.

Alle Feenmädchen, die neben Pfiffibella stehen, werden von oben bis unten schwarz. Auch Pfiffibella hat dunkle Flecken im Gesicht.

„Nein, nein, nein! So geht das nicht!", ruft die Lehrerin. Sie hat auch gleich eine Erklärung: „Ein Kleid allein reicht nicht aus. Du brauchst dringend die richtigen Schuhe, um zaubern zu können."

Also trennt sich Pfiffibella schweren Herzens von ihren geliebten Turnschuhen und kommt am nächsten Tag in Samtpantoffeln in die Schule. Auch die Seidenstrümpfe, die seit Jahren unbenutzt in ihrem Schrank lagen, hat sie angezogen. Schließlich will Pfiffibella nicht eine der wenigen Feen sein, die nie zaubern lernen.

Heute kann nichts schiefgehen, denkt sie und stellt sich vor die Tafel. Sie soll ein leeres Schneckenhaus mit Goldstaub füllen. Die anderen gehen sicherheitshalber ein paar Schritte zurück. Einige haben immer noch Rußspuren von gestern im Gesicht.

„Schneckenhaus im braunen Laub, fülle dich mit goldnem Staub!"

Pfiffibellas Zauberstab beginnt zu surren, dreht sich in Pfiffibellas Hand. Plötzlich fließt dickflüssiger, blubbernder Schleim aus der Spitze. Sofort springen alle zurück. Gut, dass nur der erste Schwung übel riechenden Schleims schwungvoll herausspritzt. Die restliche Masse tropft zähflüssig auf den Boden. Nur die Samtpantoffelspitzen der Lehrerin haben ein paar Schleimspritzer abbekommen.

„Oh nein! Wie schrecklich!", ruft die Lehrerin und beginnt sofort mit einem Tüchlein ihre Pantoffeln zu säubern. Einige Feenmädchen kichern hinter vorgehaltener Hand. Pfiffibella ist entsetzt. Wie konnte das nur passieren?

„Es ist diese entsetzliche Mütze auf deinem Kopf!", ruft die Lehrerin und wischt immer noch an ihren Pantoffeln herum.

Also trennt sich Pfiffibella auch noch von ihrer Basketballmütze und setzt ein winzig kleines Goldkrönchen in ihr Igelhaar.

Wieder muss sie vorzaubern. Pfiffibella soll einen Strauß Gänseblümchen zum Schweben bringen. Diesmal ist sie sich nicht mehr so sicher, ob es funktionieren wird. Langsam, fast ängstlich spricht sie den Zauberspruch: „Gänseblümchen, zarter Duft, schweben sollst du in der Luft!"

Augenblicklich beginnt Pfiffibellas Zauberstab zu wackeln, gefährlich zu knattern, und mit einem Ruck schießt feiner schwarzer Pfeffer aus der Spitze. Sofort müssen alle niesen. Die jungen Feen können erst wieder damit aufhören, als sie das Schulgebäude verlassen haben.

„Nein, nein, nein!", ruft die Lehrerin etwas ratlos. „Vielleicht liegt es an deinem Haar. Eine Fee ist doch kein Igel!"

Am Nachmittag bittet Pfiffibella ihre Mutter, ihre kurzen Haare in lange, dunkelbraune Locken zu verwandeln. Überrascht willigt die Mutter ein.

Als Pfiffibella am nächsten Tag die Schule betritt, wird sie beinahe nicht wiedererkannt. Bis auf ihren Zauberstab sieht sie aus wie alle anderen Feenmädchen auch.

Wieder wird sie zum Vorzaubern aufgefordert. Sie soll einen Laubhaufen rosarot und himmelblau einfärben. „So macht man es besonders schlau, färbt braune Blätter himmelblau!"

Kaum hat sie den Zauberspruch ausgesprochen, beginnt ihr Zauberstab wie wild auf und ab zu hüpfen. Dabei macht er eigenartige Quakgeräusche. Pfiffibella erinnert das Geräusch an die Frösche im Waldteich.

Kaum hat sie den Gedanken im Kopf, hüpfen hundert kleine grüne Laubfrösche aus dem Zauberstab. Die Feenmädchen kreischen entsetzt, auch die Lehrerin kriegt einen Schreck. Es dauert ein Weilchen, bis das Chaos wieder beseitigt ist. Entnervt schüttelt die Lehrerin den Kopf. „Es kann nur noch an deinem Zauberstab liegen. Du solltest ihn gegen einen anderen eintauschen."

„Aber der ist doch von meiner Oma!", sagt Pfiffibella niedergeschlagen.

Traurig und ratlos macht sie sich auf den Heimweg. Soll sie ihren tollen Zuckerstangenzauberstab gegen einen hellrosa Stab eintauschen?

Da hört sie ein verzweifeltes Piepsen.

Es kommt aus der Baumkrone neben ihr. Pfiffibella schaut hinauf. Sie entdeckt ein junges Meisenkind, das aus dem Nest gefallen und in den Ästen hängen geblieben ist. Jetzt schreit es verzweifelt um Hilfe. Der Baum ist zu hoch zum Hinaufklettern. Ohne nachzudenken, spricht Pfiffibella einen ihrer Zaubersprüche.

„Kleiner Vogel, rück ein Stück, schon fliegst du ins Nest zurück!"

Augenblicklich beginnt Pfiffibellas Zauberstab zu wackeln, wird warm, und langsam, ganz leise kommt feinster, glitzernder Feenstaub aus seiner bunten Spitze. Der Staub schwebt zu dem Vogelbaby, umhüllt es wie ein fein gewebter Mantel und trägt es unversehrt ins Nest zurück. Kaum ist die kleine Meise in Sicherheit, löst sich der Staub wieder auf.

Pfiffibella steht völlig sprachlos da. Sie hat eben gezaubert. Eindeutig!

Verwirrt starrt sie auf ihren Zauberstab, dann rennt sie nach Hause, so schnell sie kann, und ruft, dass es alle hören: „Ich kann zaubern, ich kann zaubern! Juhu!"

Zu Hause zieht sie Kleid, Strümpfe und Pantoffeln aus, so schnell es geht, schneidet sich die Locken wieder ab und fühlt sich einfach wunderbar.

Beim Mittagessen sagt sie zu ihrer Mutter: „Mama, ich werde nie wieder versuchen, ein Stück Rinde in Seide zu verwandeln, ein Schneckenhaus mit Goldstaub zu füllen, Gänseblümchen zum Schweben zu bringen oder Laubhaufen himmelblau einzufärben."

Mama lacht: „Das ist eine gute Idee!"

Die Lehrerin hat Pfiffibella seither nicht mehr zum Vorzaubern an die Tafel geholt.

Auf ihren Pantoffeln sind immer noch Pfiffibellas Schleimflecken. Sie hat bis jetzt keinen passenden Zauberspruch gefunden, trotz Seidenkleid und Flitter im Haar.

Quellenverzeichnis

Wir danken nachstehenden AutorInnen und Verlagen für die freundlich erteilte Abdruck-erlaubnis:

Abedi, Isabel   Ein Wunsch für die kleine Fee, ©2006 arsEdition GmbH, München

Brüder Grimm   Dornröschen, nacherzählt aus: Gesamtausgabe der Kinder- und Hausmärchen, gesammelt durch die Brüder Grimm, 7. Aufl. 1857

Hansen, Anne   Florentine und die Sache mit dem Feenstaub, ©Rechte bei der Autorin

Lückel, Kristin   Die Fiese Fee Fiona, ©Rechte bei der Autorin

Maly, Beate   Pfiffibella, ©Rechte bei der Autorin

Mauder, Katharina   Ojemine, 'ne Fee!, ©Rechte bei der Autorin

Michaelis, Antonia   Feenschule, ©Rechte bei der Autorin

Simon, Katia   Lila läuft weg, aus: Katia Simon: Lila, die kleine Blütenfee, ©2012 Ernst Kaufmann Verlag, Lahr

Steckelmann, Petra   Charlotte im Reich der Feen, aus: Kinderschatz – Meine schönsten Feengeschichten, ©2005 gondolino GmbH, Bindlach

Streufert, Sabine   Lukas und die Sternenfee, ©Rechte bei der Autorin

Wilke, Jutta   Netti Spaghetti, ©Rechte bei der Autorin